素质教育背景下
高校体育教学理论与训练研究

◎袁峰 著

湘潭大学出版社
XIANGTAN UNIVERSITY PRESS

图书在版编目（CIP）数据

素质教育背景下高校体育教学理论与训练研究 / 袁峰著. -- 湘潭 : 湘潭大学出版社, 2024.1
ISBN 978-7-5687-1354-2

Ⅰ. ①素… Ⅱ. ①袁… Ⅲ. ①体育教学－教学研究－高等学校 Ⅳ. ① G807.4

中国国家版本馆 CIP 数据核字 (2024) 第 035151 号

素质教育背景下高校体育教学理论与训练研究

SUZHI JIAOYU BEIJING XIA GAOXIAO TIYU JIAOXUE LILUN YU XUNLIAN YANJIU

袁峰 著

责任编辑：刘文情
封面设计：张　波
出版发行：湘潭大学出版社
社　　址：湖南省湘潭大学工程训练大楼
电　　话：0731-58298960 0731-58298966（传真）
邮　　编：411105
网　　址：http://press.xtu.edu.cn/
印　　刷：长沙鸿和印务有限公司
经　　销：湖南省新华书店
开　　本：710 mm×1000 mm 1/16
印　　张：10.5
字　　数：201 千字
版　　次：2024 年 1 月第 1 版
印　　次：2024 年 1 月第 1 次印刷
书　　号：ISBN 978-7-5687-1354-2
定　　价：60.00 元

作者简介

袁峰，男，江西九江人，研究生学历，毕业于武汉体育学院。研究方向为高校体育教学与训练，现就职于岭南师范学院，主要从事体育专业课程教学、指导学生训练竞赛工作。公开发表专业学术论文10余篇；主持省级教改课题1项，市厅级课题2项。指导学生获广东省第一届体育教育专业学生基本功大赛一等奖。

前言

在21世纪这个充满变革与挑战的时代，素质教育日益成为教育工作者及社会各界的关注焦点。素质教育不仅关乎知识的传授，更涉及个体的全面发展和未来的综合能力培养。体育，作为学校教育的重要组成部分，其地位和作用日益得到重视。在这个背景下，高校体育不仅要培养学生的体育技能，还需要培养学生的身体素质、团队协作、挑战自我、健康生活方式等综合能力。

本书正是在这样的背景下应运而生。它试图从理论与实践的角度探讨如何更好地进行高校体育教学与训练。第一章主要对素质教育的内涵以及大学生的素质现状进行了分析。第二章深入挖掘高校体育教学的方法，分析其建构的逻辑与结构，从理念、原理到操作性进行系统的梳理。第三章对高校体育运动训练的理论和方法进行了分析，涉及体育运动训练的基本原则和方法、科学化体育运动训练、体育运动训练的内容和计划制定以及专项计划制定。第四章分析高校体育运动训练的处方和损伤的预防。第五章探讨塑身、有氧运动的实践和科学化训练。第六章结合实际，深入探讨如何在高校环境中开展足球、网球和田径等传统项目的教学与训练。

本书力图为高校体育工作者提供一个系统、科学、实用的教学与训练参考框架，帮助他们在素质教育的大背景下更好地培养学生，让学生在学校中不仅学到体育技能，更能够体验到运动的乐趣，培养健康、积极的生活态度与习惯。希望此书能够为高校体育教学与训练的研究与实践提供有益的参考，也期待与广大读者共同探索、创新，共同为高校体育的发展做出贡献。

目　录

第一章 概 述

第一节 素质教育的提出

最初，素质教育是由中小学教育界提出来的，对此应表示认同。中小学素质教育的提出又可以分为两个明确的阶段。第一阶段主要是围绕素质与素质教育所做的边缘性探讨。20世纪70年代末80年代初，在世界新技术革命和教育改革的宏观背景下，教育理论界和实践界针对中小学生中普遍存在的“高分低能”现象，认识到了纯强调“加强双基”的不足，对此提出了重视发展智力、培养能力的思想。为了促进智力与能力的发展，有些研究已经提出了要关注非智力因素及其教育培养的思想。不过，总体来说，此时的“素质”概念还没有明确。“素质”一词的广泛与频繁使用是在1985年，《中共中央关于教育体制改革的决定》明确指出：“在整个教育体制改革的过程中，必须牢牢记住改革的根本目的是提高民族素质。”这有力地推动了我国教育界关于“素质”问题的探究。在此后的《中华人民共和国义务教育法》等多项法律文献中，都提到了素质问题。在研究界关于“素质”“民族素质”和“国民素质”的探讨日益增多的同时，教育实践界也推出了一系列与素质教育相关的整体改革实验。总的来说，主要是在强调智能培养的背景中，引出了“提高素质”的思想，初步提出了素质概念。

第二阶段是“素质教育”的明确提出及对其进行的直接探讨。对于“素质教育”概念的最初提出者和提出场所，现在尚无一致的说法，不过可以基本肯定的是，《上海教育（中小学版）》1988年第1期发表的《素质教育是初中教育的新目标》，是较为明确提出并系统论述“素质教育”的文章。1990年以后，关于“素质教育”的文章就层出不穷了。1993年通过的《中国教育改革和发展纲要》明确指出了“中小学要由应试教育转向全面提高国民素质的轨道”。此后，1994年的全国教育工作会议、1996年全国人大通过的《国民经济和社会发展“九五”规划和2010年远景目标纲要》都明确提出了各级学校教育都应改革人才培养模式，由“应试教育”向全面素质教育转变。在这一阶段，理论界关于素质教育的内涵与特点的探讨和实践界关于素质教育实施途径与方法的探索与试验都在日趋深化。

应该指出，素质教育源于教育实践，其内涵在不断的实践探索和理论研究中日趋丰富和完善。严格地说，今天的素质教育与最初提出之时的素质教育在内涵上已有很大的不同。所以，明确考证素质教育最初的出处与提出时间，其实并无多大的必要性。我们追溯素质的提出过程，主要是为了把握提出素质教育的宏观背景，以及它在揭示教育变革的新方向上的意义。

一、提出素质教育的根本原因

第一，提出素质教育，是为了使教育向其本质回归。对于教育究竟是什么，我们常倾向于给出一个适应于所有特定语境的广义的描述性定义，如“教育就是学习”“教育就是促进身心成长”“教育就是培养人的实践活动”。这些定义虽然没有错，其适用性也不可谓不强，但它们并未说出什么实质内容，包括学习的目标、成长的方向和实践活动的本质等关键内容。于是我们有必要转而为教育寻找另外一种表述，由此出现了规范性（纲领性）定义。实际上，在大多数时候，我们在对教育进行界定时，也往往倾向于采用规范性定义，即根据自己的价值取向加了对教育的相应期望，由此得出的关于教育的定义的核心内容已经不是对“教育实际上是什么”的回答，而是对“教育应当是什么”的回答，如“教育就是有目的、有计划、有组织地促进人的身心健全发展的活动”。“教育”如同其他人类社会活动一样，实际上先天就被赋予了特定的价值取向，背负着特定的理想和愿望，“中性”的教育根本不存在。当我们将教育理解成它应当成为的那种活动之时，实际上已经接近了“素质教育”的基本思想：教育应当是使人成为真正的人的理想状态的教育。

虽然我们宣称教育的目的和任务是促进学生身心全面发展，但实际上，我们更倾向于将教育的任务变成促进学生掌握知识与技能。我们在将教育的任务习惯性地归结为促进学生掌握知识和技能之时，恰恰是将教育当成了训练。这种教育只关注了人的被使用性，也就是实用性和适应性，强调的是对人的支配、压抑和塑造，不重视人的德性和精神世界的养成。我们希望学生在接受教育之后能够成为健全的人，不仅有知识和能力，更有较高的精神境界，不仅知道如何生存，而且知道为何生存。提出并强调实施素质教育，也是为了使教育从训练向精神养成这一本质转变。

第二，提出素质教育，是中国教育自身创新的必由之路。目前我国对教育的重视已经提到了前所未有的高度，对教育的投入也在持续增长，而对教育的不满却与日俱增。因此，单靠改善外部环境是不能从根本上解决教育问题的。教育资源与教育效果之间的关系并不是像我们想象的那么直接，资源的影响有赖于资源的运用。这在很大程度上表明，要使教育真正成为国家民族创新的源头活水，担当起兴国的重任，必须先对中国教育自身进行创新。教育自身的创新常常会被简单地理解为课程与教学方法等教育实践层面的改革。但实际上，教育创新远不止实践层面的内容。完整的教育创新包括三个层面：思想创新、制度创新和实践创新。引进和运用现代技术，强化物质基础，加快教学内容、方法等实践层向的变革，的确是教育创新的重要内容，但单靠实践层面的零碎探索和盲目尝试，即使累积起来，也无法达到教育创新的整体效果。重视组织和管理改革，着力改善制度环境，是推动教育创新的重要力量和内容，但单凭制度变革无法奇迹般地解决当代中国教育面临的根本问题，无法使今天的教育焕发出生命活力。

第三，提出素质教育，是为了使教育同时建立在大众化与个性化的基础之上。教育的根本作用在于能促进人健全发展，为了确保每个人的发展权利，教育必须走向大众化，由开始的初等教育，到中等教育，再逐步扩展到高等教育。为确保个性的自由发展，教育又必须不断个性化。大众化和个性化是现代教育的现实与理想基础，或者说是不可分割的两翼，二者都不可偏废。

第四，提出素质教育是使我国教育理论和实践走出困境的一种有益探索和尝试。在教育的组织形式上，我们始终没能突破“书本中心”“课堂中心”“教师中心”的束缚。我们始终倾向于从教育者的角度规划学生的发展模式与方向，习惯于因循既有的模式。在实践的内涵上，我们缺乏系统的有理论指导的探索，习惯于根据上面的规定和自己的经验办教育，结果往往自觉或不自觉地将教育办成了训练，忽视了或者说相当淡化了精神的养成。理论和实践困境的存在，表明我国教育必须探索出路。而提出实施素质教育，可以说是走出困境的一种尝试。

二、怎样看待对“素质教育”的质疑与否定观点

“素质教育”自提出之时，就始终面临着种种质疑甚至否定。虽然第三次全国教育工作会议已将“素质教育”视为中国教育改革与发展的基本纲领，但无论是在理论界还是在实践界，对“素质教育”持怀疑甚至否定态度的都大有人在。

归纳起来，各种反对观点可分为两大类。一类观点主要从素质教育与现有教育理论关系的角度，反对“素质教育”的提出。这种观点认为：我国教育界已经把全面发展教育作为基本原理指导各级各类教育实践，素质教育等于全面发展教育，但基本思想大同小异，当然没有必要多此一举再提出来；古今中外已有许多优秀的且相对成熟的教育思想和教育理论，素质教育基本上未在这些理论和思想的基础上有多大的超越，所以也没有必要提出。另一类观点主要从对“素质”与“素质教育”的意义辨析出发，反对素质教育的提法。这种观点认为：“素质教育”迄今尚未形成公认的明确定义，说明它本身不是一个科学的概念，因此不宜提出；“素质教育”缺乏教育哲学基础，不像严谨的教育理论，更像是一个教育口号，它不仅在语义结构上不规范，存在着“语义悖论”，还在逻辑上自相矛盾，存在着“逻辑悖论”，也存在着“文化悖论”；“素质教育”在多方向反映出的自我相关与自我缠绕的矛盾性和不合理性，表明它还不是一个成熟的范畴，盲目提出只会扰乱教育思想和教育实践；素质具有朴素性，它本身有优劣之别和好坏之分，“素质教育”相应地可能会成为培养低劣或畸形素质的教育，显然不宜提出。

应当承认，上述针对“素质教育”提法的各种质疑和反对，在客观上促进了对素质教育的概念和基本思想的深入探讨，深化了素质教育理论。但同时也要看到，这些反对观点大多在三方面失之偏颇。一是从固定的教条出发，毫无客观依据地反对“素质教育”的提出，表现在以“全面发展教育”排斥“素质教育”上。当“全面发展教育”被视为放之四海而皆准的最高教育信条之时，素质教育无论是否与其一致，都将面临被否定的命运。二是从纯粹的概念或理论辨析出发反对伪素质教育。的确，素质教育首先是一种教育思想或教育理论，它的合理性在很大程度上反映在概念的清晰与准确性和理论上的逻辑自洽性上，但这种反对观点没有意识到素质教育是实践理性的产物，它自身也是随着实践逐步完善的。与最初极具口号色彩的素质教育相比，今天的素质教育理论无论是在概念上，还是在基本命题上，都显得更为严谨、更为系统了。至于从素质的优劣二重性出发提出的对素质教育的反对，更是违背了认识教育的基本思想方法，没有看到真正的教育必然包含着对理想境界的追求。三是从所谓的实践出发，反对提出素质教育。这种观点认为，素质教育并没有提出一套易于运作的程序，实际上也很难操作。这种观点忘记了素质教育主要是一种思想，它无意提供一套可供完全照搬的模式和程序。而且，它实际上反对将素质教育视为某种特定的教育类型，反对将素质教育与特定的模式相联系，因为这样容易将素质教育固化。此外，也有一些对素质教育的反对，源于对素质教育的过高期望。很多人以为只要提出并实施素质教育，现有教育中的一切理论与实践命题均可迎刃而解。其实，素质教育终究只是一种教育思想，是一种思考和解决现有教育问题的思路。

第二节 素质教育的内涵与特征

一、素质教育的内涵

（一）素质教育的内容

1. 全面素质的培养

个体的发展并不只表现为某一方面或某些方面素质的提高，考察其发展的好坏，也应以整体素质的提高为标准。从社会发展对个体的需要来看，每一个个体的公民素质是必须具备的，它要求个体能获得在德、智、体、美、劳等诸方面的发展，也可以认为素质教育在这一点上同全面发展教育是一致的。每一个个体全面素质的提高，一方面可以保证其正常的社会活动或适应整个社会生活，另一方面又为其某一方面素质达到最佳水平的发展提供保障。这就要求在素质教育的实施过程中，形成全盘考虑个体素质，使其相互融合、相互渗透与促进的观念，这是每个教育工作者应形成的基本理念。

2. 发展个性

现代心理学一般将个性理解为一个人的整个精神面貌，是一个人稳定而又本质的，具有一定倾向的心理特征，它包括需要、动机、兴趣、性格、能力等。个体全面素质的培养并非以否认个性为前提的，人与人之间，由于先天禀赋以及后天环境的差异，每一个人都与其他人表现出不同的素质结构，所以教育应基于个体素质结构的不同施以不同的影响。发展个性的观念实际上就是在实施素质教育时，既注重培养个体的全面素质，又注重学生的个别差异，这就要求教育的目的、内容、方法、组织形式等既有统一的要求，又注重多样性、灵活性。学生综合素质的提高，不仅依赖于教育者从学生的实际出发，综合考虑，还需要发掘学生的闪光点，使其获得某一方面素质的提高，从而带动其他方面素质的发展。

3. 素质教育的动态性观念

人的素质从根本上是为了适应某一特定的社会发展需要所必须具备的，它体现了特定方面发展的基本要求。由于社会发展总是处于不断的变化之中，所以素质教育的实施便具有动态性特征，即我们对学生素质教育的要求随社会的发展而变化。社会及个体的发展变化，要求在实施素质教育的过程中，充分考虑社会需要与个体发展两个方面，根据个体应有的和可能的发展设计素质教育的稳定的要求。同时针对各种具体情况的不同，又要有富于变化的素质教育行为。

（二）素质教育的方法

1.第一课堂与第二课堂教学的有机结合是全面推进素质教育的基本方法

（1）把发展学生良好的基础素质作为推进素质教育的重点

人的素质包括诸多方面，而在基础教育阶段，应特别关注学生基础素质尤其是基础素质中的核心素质。在心理素质方面，要特别关注学生的思维能力和个性，特别是创造力的发展。在教学内容方面，要选取人类文化发展的精粹传授给学生。布鲁纳所讲的学科基本概念、基本结构和基本原理，应是我们进行选择的重要依据，那种仅用“可用”“有用”为标准而盲目增加学生学习内容的观念必须废除。在人类浩瀚的文化海洋中，我们只能汲取最基本、最核心的内容。

（2）注重从脑科学研究成果中寻找施行素质教育的新思路和新方法

近些年，世界各国都十分重视对人类大脑的研究，主要的研究领域有大脑活动规律、大脑开发和脑病的治疗。世界教育发展史也表明，世界上许多次较大的教育改革都依托于脑科学的重大发现和发展，例如程序教学的出现就是建立在刺激—反应学说的基础上的。

（3）十分关注以计算机与互联网为核心的现代教育技术对素质教育带来的深刻影响

第一，互联网络和高级教育软件的开发，有可能使学校、家庭和社会实现大面积的因材施教，从而最大程度地开发每一个人的大脑潜能。第二，适合每一个人学习的高级教育软件，有可能实现真正意义上的成功教育。第三，通信卫星和全球信息互联网络的日益完善，有可能实现真正意义上的全球教育资源共享。

（4）倡导使用能够激发学生学习主动性和创造性的教学方法

激发、尊重和发展学生的学习主动性和创造性是推进素质教育的重要内容，也是素质教育的精髓所在。它反映了新时代处理师生关系的新理念，即教学中教师应扮演引导者和帮助者的角色，而不应该只是充当主宰者的角色。成功的教育过程应是引导学生热烈而积极地参与的过程，也是学生由学习“他律”转向学习“自律”的过程。

（三）素质教育的途径

1.转变观念

要把教育的主要精力放在学生全面素质的培养上，既注重学生知识的学习，又注重学生能力的培养，既考虑学生各方面的发展，又注重学生个性的培养，从而形成学生整体素质的提高。

2.保证全面素质的提高

课程教学是学校教育的主要途径，是教育思想观念、教育认识转变为具体教育实践的中介，所以素质教育主要是通过课程教学来实现的。学校制订课程计划时都注意到尽量考虑学生的个性、非智力因素和创造能力等方面的协调发展需要，认真研究课程体系结构，合理安排各类课程的比例，努力使素质教育的思想落到实处。

3.发挥教师的能动作用，在课程教学中渗透素质教育思想，提高学生对真善美的认识

好的课程体系必须在每一门课程的具体教学中实现其价值，所以强调教师要有强烈的教学责任心，及时改革教学内容，在教学中注意培养学生的创新精神和创造能力，使学生拥有自我教育与发展的良好条件。注意挖掘课程中与社会、人生有着密切联系的内容，充分利用课程所蕴含的丰富的科学精神和人文精神，把专业教育与人文教育融合起来，使学生在课程学习中提高对真善美的认识。

4.有组织地开展形式多样的教学实践活动，提倡个体反思，促进知识内化

内化是素质形成过程中的一个重要环节，指个体将外部施加的教育影响通过个体内部一系列的心理活动，而后成为个体个性品质或行为习惯的过程。在教学上，注意对学生的引导，使学生将外在信息经过大脑加工转化为其内在的心理因素，从而使学生某种素质获得提高，教师应善于分析这一内化过程。因此，学校除了要求学生学习有关知识外，还要督促他们亲自参加社会调查和实践。

5.抓好以校风为中心的校园文化建设，发挥其熏陶作用

校风是全校师生员工在整个学校生活过程中，在一定的教育目标下，经过共同努力所形成的思想行为作风。它是对学校全体成员团体意识、共同心理趋

向和共同行为习惯的精神概括，是学校集体人格的综合反映。校风之所以成为高校校园文化建设的中心，是因为校风制约着学生集体的心理定式，能强化学生与学校相一致的心理行为，加强学校群体的凝聚力，对抵制那些与学校教育目的、规范相悖的意见和观念，对学生思想行为具有极大的影响力和约束力。因而，以此为中心建设校园文化，无疑可以对学生一些素质如思想道德素质、心理素质的形成起到重要作用。因此，学校要注重建设和形成积极的、催人奋进的校园文化，发挥其育人作用。

二、素质教育的特征

（一）素质教育的主体性

素质教育的主体性，即在教育的过程中，尊重学生的主体地位，发挥学生的主体作用，调动学生的主体积极性。素质教育正是要唤起学生的主体意识，发展学生的主动精神，帮助学生创造自信、谦爱和朝气蓬勃的人生。这是素质教育活的灵魂，是对素质教育思想的最关键要求。

依据主体性，素质教育不是把人看作物，而是把人看作人。素质教育重视开发学生的智慧潜能，而不是把学生视为知识的接收器。教师的任务不仅是传授知识，更重要的是激活知识。

依据主体性，素质教育不仅仅把学生作为认知体，更重要的是把学生作为生命体。

依据主体性，素质教育必然要求发展个性，而这要求遵循教育的个性化原则。

依据主体性，素质教育不是生产方式，而是交往方式。从教育的结果来看，教育是人类自身再生产的成果之一；从教育的过程来看，素质教育应当是一种交往模式。在素质教育中，学生不是被动的产品，而是能动的主体。

（二）素质教育的全体性

素质教育反“应试教育”之道，不是面向部分人，而是面向全体人。它并不反对英才，但反对使所有教育变为英才教育的模式。它不是一种选择性、淘汰性、大一统的教育，而是一种使每一个人都得到发展的教育。这样素质教育也是差异性教育。换句话说，素质教育要求平等，要求尊重每一个学生，但素质教育不赞成教育上的平均主义和“一刀切”。

（三）素质教育的全面性

“应试教育”在“一切为了分数，一切围绕分数”的指导思想下，必然具有片面性。素质教育则要求全面发展和整体发展，要求德、智、体、美、劳等各方面并重，要求全面发展学生的生理素质、心理素质和文化素质。

（四）素质教育的基础性

1.学生的素质是做人的基础

学生入校的根本目的，就是学习做人，它包括做什么样的人和怎样做人。这是学生学习的基本功，也是对他们最基本的却又是最重要的要求。

2.每个人的素质是整个民族素质的基础

要提高民族素质，必须从培养每一个人的素质入手。每一个人的素质是民族素质的基础，民族素质是每个人素质的融合与升华。因此，必须广泛地开展素质教育，并通过家庭教育、学前教育、学校教育、社会教育、职业教育、成人教育等各种渠道，培养每一个人的素质，以此为基础提高整个民族素质的水平。

3.素质教育要为学生打下素质基础，从而以不变应万变

当前知识发展和更新的速度很快，一度导致学校的学习内容不断膨胀，但是知识的发展万变不离其宗。许多国家都很重视学生基础素质的培养。

（五）素质教育的层次性

从纵向来看，任何一个事物的发展都会显示出一定的层次性，素质教育也不例外。而素质教育的层次性，是由素质本身的层次结构所决定的。根据心理学的研究，现在一般公认，素质是由生理素质、心理素质和社会素质三个层次构成的。

有人认为，素质本是心理学上的一个专门术语，本指自然素质而言。我们就完全可以说，人的素质即人的本质、本性，它也应当包含自然素质、社会素质以及自然与社会相结合的心理素质三个方面。这不是无原则的“扩大化”，而是还原事物本来之面目。

（六）素质教育的综合性

素质是用各种素质所构成的一个综合体，即有机整体，这也就是素质教育综合性的基本含义。具体地说，作为综合整体的素质，其各个组成因素具有相

互促进或相互影响的内在制约关系，亦即一种素质的发展会促进其他各种素质乃至整体素质水平的提高。因此，在素质教育中，我们必须重视素质的全面发展，不能只强调某一方面素质的提高。

第三节　体育教学的概述

一、体育教学的构成要素

从系统论的观点来看，我们可以把体育教学的过程当作一个整体系统来考察，即体育教学系统是一个多层次、多要素的复杂系统。所以，体育教学系统的要素即体育教学过程的要素。

体育教学过程中的每一层次都包含着相同的要素，这些要素的整合就构成了完整、统一的教学过程。关于体育教学的组成要素有三种不同的观点：一是三要素说。该观点认为，体育教学系统是由体育教师、学生和体育教材三个基本要素构成的。二是四要素说。该观点认为，体育教学系统是由体育教师、学生、体育教学内容、体育教材手段（教学媒介）四个要素构成的。三是五要素说。该观点认为，体育教学系统是由体育教师、学生、体育教材、体育教学方法、教学物质条件这五个要素构成的。

从以上几种观点可以看出，无论是几要素说，有三个基本的要素是共同的，即体育教师、学生和体育教材。体育教学活动的主体是人，体育教学过程是教师与学生双边活动的过程，因此体育教师和学生是体育教学中必不可少的两个基本要素。除此之外，它们共同的作用对象是体育教材（教学内容）。在体育教学过程中，教师是通过教材这一媒介与学生发生作用的。据此我们认为，体育教学系统的构成性要素主要是体育教师、学生和体育教材（教学内容），它们之间是相互联系、相互依存和相互作用的。

二、体育教学的规律

（一）要遵循与学生身心发展水平相适应的规律

教育和教学必须与学生的身心发展水平相适应，这是一条基本规律，而体育课也必须遵循这条规律。体育课要促进学生的一般发展和特殊发展，这就要求体育课的目标要定得适当，教学方法、手段等也要适当。要做到这一点，就必须了解学生的现有发展水平，针对学生的“最近发展区”，促进其不断发展。

（二）要遵循学生生理和心理指标的变化规律

在体育课的教学活动过程中，学生的生理和心理方面，都承受着不同强度的压力，引起一系列生理和心理指标的变化。教学方式的改变，对学生的身心有着不同程度的影响，于是学生的生理指标和心理指标的变化便易呈现出波浪形。这种高低起伏的变化是体育课教学特有的，是客观存在的。体育课的进行要遵循这个规律，保持合理的生理、心理起伏变化的节奏。

（三）要遵循感知、思维和实践结合的规律

体育课上学生大部分时间是在从事身体练习、眼和肌体等感官直接感知动作，大脑积极思考如何行动，让肌体去协调做动作。因此，直接感知是基础，思维是核心，实践是归宿。这三个方面是紧密结合的，缺少哪一个都会影响体育课教学的效果。

（四）要遵循掌握体育知识技能螺旋式上升的规律

体育课教学要向学生传授相关的知识、技术和技能等。一种知识、技术和技能掌握以后，如果不及时强化，就会遗忘或消退。在前面传授的知识、技术、技能出现衰退现象时，后面的体育课应该改变这种现象，使前面学习的知识、技术、技能得到巩固、完善和提高。所以，学生掌握体育知识、技术、技能的螺旋式上升规律，也是体育课教学应遵循的一条规律。

三、体育教学的特点

1. 身体参与的直接性

体育教学的根本目的就是增强学生的体质，其教学的本质就是通过肌肉群的运动，促进学生身体机能的发展，从而增强学生的运动技能。这就决定了体育教学这门课程是通过反复的教授和实践，让学生掌握锻炼的方法。直观地说，就是通过肌肉的感觉将信息传递到中枢神经，然后经过反复的条件刺激，建立起条件反射，最终经过分析总结，达到对某种技能的理性认识，使得学生掌握某项体育运动的技能。因此体育教学的特点之一就是身体参与的直接性。所谓身体参与的直接性主要表现在两个方面：第一是教师身体参与的直接性，因为有些体育运动需要教师亲身示范，这是体育教学中最常见的一种教学方式；第

二就是学生身体参与的直接性，通过亲身参与练习，按照教师的示范，进行反复尝试和练习。

2.认知活动的本体性

体育教学贯穿于学校教育的整个阶段，体育教学内容也较为复杂，因此在教学过程中，要根据学生的认知规律和身心发展的特点，组织体育教学的内容，最大限度地促进学生掌握体育教学知识和技能。

3.体力和智力的结合性

体力和智力的结合性是体育教学的特点之一，这也是当今素质教育和全面发展教育的主要内容。体育锻炼能通过各种调节人体机能的运动或是活动，达到强健骨骼、增强体质的作用。骨骼的生长需要不断吸收蛋白质和无机盐，人体必须有足够的维生素才能使钙和磷更好地吸收。在体育课上，进行户外锻炼的时候，日光中的紫外线能够释放一些物质，促进机体对钙和磷的吸收，还能使肌体的纤维变粗，提高肌肉血液的供应，增加毛细血管的收缩程度，同时使肌肉强壮。

4.教学内容的健身性

体育课程是通过教师的讲解和示范，带领学生进行各种锻炼活动，并且在活动的过程中引导学生掌握相关知识和技能的过程。体育教学内容的健身性是教学的显性特点，这一教学特点是语文、数学等文化学科所不具备的。在开展体育教学的过程中，教师通过预设的活动和身体锻炼以及循循善诱的教学方法，对学生的心理进行刺激，促进学生的心理健康，帮助学生养成量好的行为习惯。

5.学习者身体生理负荷性

体育教学中涉及很多的运动和锻炼，都是通过肌肉群的运动，促进身体机能的变化。在进行体育教学的过程中，教师是通过引导学生反复进行体育运动的实践完成教学任务的。所以，体育教学具有增加学习者身体生理负荷性的特点。

6.人际交往的直接性

体育教学是一个实践性很强的教学，是开放式的教学，同语文、数学等文化课学科的教学有着本质的区别。因为体育教学大都是室外教学，能够促进学生之间的动交流，通过学之间的自由式的交流、沟通，提升每一位学生的交际能力。

7.学习行为表现的直接性

体育教学与其他学科最本质的区别就是，体育教学较注重对学生的实践知识和技能的培养，再加上体育教学的目的就是增强学生的体质，促进学生身心健康的发展。所以在教学的过程中，为了让每一位学生都能享受到体育锻炼带来的身体变化，通过体育课程的开展增强学生体质，提高学生身体免疫力，在教学的过程中应强调学生的参与性，这也是体育教学的基本形式。

第四节 当代大学生身体素质现状

一、身体素质现状

（一）力量素质现状

在力量素质的测试与评价中，经常采用的指标有立定跳远、仰卧起坐、引体向上等。其中立定跳远这项测试指标适用于所有大学生，引体向上测试指标适用于男大学生，仰卧起坐测试指标适用于女大学生。根据《国家学生体质健康标准》，大学生立定跳远、男生引体向上及女生1分钟仰卧起坐的成绩评定表见表1-1和表1-2。

表1-1 大学生立定跳远评分表 （单位：厘米）

		男生		女生	
等级	单项得分	大一 大二	大三 大四	大一 大二	大三 大四
优秀	100	273	275	207	208
	95	268	270	201	202
	90	263	265	195	196
良好	85	256	258	188	189
	80	248	250	181	182
及格	78	244	246	178	179
	76	240	242	175	176
	74	236	238	172	173
	72	232	234	169	170
	70	228	230	166	167
	68	224	226	163	164
	66	220	222	160	161
	64	216	218	157	158
	62	212	214	154	155
	60	208	210	151	152
不及格	50	203	205	146	147

续表

		男生		女生	
等级	单项得分	大一 大二	大三 大四	大一 大二	大三 大四
	40	198	200	141	142
	30	193	195	136	137
	20	188	190	131	132
	10	183	185	126	127

表1-2　大学生引体向上（1分钟仰卧起坐）评分表　（单位：次）

		男生 引体向上		女生 仰卧起坐	
等级	单项得分	大一 大二	大三 大四	大一 大二	大三 大四
优秀	100	19	20	56	57
	95	18	19	54	55
	90	17	18	52	53
良好	85	16	17	49	50
	80	15	16	46	47
及格	78			44	45
	76	14	15	42	43
	74			40	41
	72	13	14	38	39
	70			36	37
	68	12	13	34	35
	66			32	33
	64	11	12	30	31
	62			28	29
	60	10	11	26	27
不及格	50	9	10	24	25
	40	8	9	22	23
	30	7	8	20	21
	20	6	7	18	19
	10	5	6	16	17

通过进行立定跳远测试，能够了解大学生的腰腹力量、腿部爆发力及其身体协调能力。受试学生的立定跳远成绩等级分布见表1-3。从统计结果来看，成绩优秀的学生所占比例较少，男大学生的优秀比例尤其低，不及格的学生占较高的比例。

表 1-3 大学生立定跳远成绩等级分布

		城市男大学生	乡村男大学生	城市女大学生	乡村女大学生
优秀	人数	57	43	82	51
	比例(%)	4.7	3.8	7.1	5.5
良好	人数	176	162	167	124
	比例(%)	14.6	14.3	14.5	13.6
及格	人数	785	762	811	663
	比例(%)	64.9	67.5	70.3	71.9
不及格	人数	191	162	92	83
	比例(%)	15.8	14. 3	8. 1	9.0

男生引体向上和女生1分钟仰卧起坐的成绩等级分布见表1-4。统计结果显示，引体向上测试中不及格的男生所占比例超过60%，等级为优秀、良好的学生所占比例非常少。可见男大学生上肢力量弱。仰卧起坐测试中80%以上的女生都是及格，等级为优秀和良好的学生所占比例非常少。

表 1-4 男大学生引体向上、女大学生仰卧起坐成绩等级分布

		城市男大学生	乡村男大学生	城市女大学生	乡村女大学生
优秀	人数	39	44	32	30
	比例(%)	3.2	3.9	2.8	3.2
良好	人数	86	78	108	88
	比例(%)	7. 1	6.8	9.4	9.5
及格	人数	331	316	937	750
	比例(%)	27.4	28.0	81.3	81.4
不及格	人数	753	691	75	53
	比例(%)	62.3	61. 1	6. 5	5.8

(二)速度素质与灵敏素质现状

速度素质与灵敏素质是非常重要的身体素质，人体中枢神经系统的机能状态和神经与肌肉的调节机能主要从速度素质中体现出来，而人体完成动作的准确性、灵活性及协调性主要通过灵敏素质体现出来。对大学生的速度素质与灵敏素质进行评价时，可以选用50米跑这个测试指标。根据《国家学生体质健康标准》，大学生50米跑的成绩评分表见表1-5。

大学生50米跑成绩等级分布见表1-6。统计结果显示，成绩等级为及格的学生所占比例最多，等级为良好和优秀的学生所占比例非常少，女大学生尤其如此。由此可见，大学生的速度与灵敏水平较低，还有待在体育锻炼中不断提高。

表1-5　大学生50米跑成绩评分表　(单位：秒)

		男生		女生	
等级	单项得分	大一 大二	大三 大四	大一 大二	大三 大四
优秀	100	6.7	6.6	7.5	7.4
	95	6.8	6.7	7.6	7.5
	90	6.9	6.8	7.7	7.6
良好	85	7.0	6.9	8.0	7.9
	80	7.1	7.0	8.3	8.2
及格	78	7.3	7.2	8.5	8.4
	76	7.5	7.4	8.7	8.6
	74	7.7	7.6	8.9	8.8
	72	7.9	7.8	9.1	9.0
	70	8.1	8.0	9.3	9.2
	68	8.3	8.2	9.5	9.4
	66	8.5	8.4	9.7	9.6
	64	8.7	8.6	9.9	9.8
	62	8.9	8.8	10.1	10.0
	60	9.1	9.0	10.3	10.2
不及格	50	9.3	9.2	10.5	10.4
	40	9.5	9.4	10. 7	10.6
	30	9.7	9.6	10.9	10.8
	20	9. 9	9.8	11. 1	11.0
	10	10. 1	10. 0	11.3	11.2

表1-6　大学生50米跑成绩等级分布

		城市男大学生	乡村男大学生	城市女大学生	乡村女大学生
优秀	人数	103	116	36	37
	比例(%)	8.5	10.3	13. 1	3.9
良好	人数	170	165	111	97
	比例(%)	14. 1	14.6	9. 6	10. 5
及格	人数	867	799	871	712
	比例(%)	71. 7	70.8	75.6	77. 3
不及格	人数	69	49	134	76
	比例(%)	5.7	4.3	11.6	8.3

(三)耐力素质现状

人体肌肉长时间活动的能力及人体抗疲劳能力主要通过耐力素质反映出来。评价大学男生与女生耐力素质的测试指标分别是1000米跑和800米跑。根据《国家学生体质健康标准》，大学生耐力跑的成绩评分表见表1-7。

表1-7 大学生耐力跑成绩评分表（单位：分·秒）

		男大学生1 000米		女大学生800米	
等级	单项得分	大一 大二	大三 大四	大一 大二	大三 大四
优秀	100	3′17"	3′15"	3′8"	3′16"
	95	3′22"	3′20"	3′24"	3′22"
	90	3′27"	3′25"	3′30"	3′28"
良好	85	3′34"	3′32"	3′37"	3′35"
	80	3′42"	3′40"	3′44"	3′2"
及格	78	3′7"	3′45"	3′49"	3′47"
	76	3′52"	3′50"	3′54"	3′52"
	74	3′57"	3′55"	3′59"	3′57"
	72	4′02"	4′00"	4′04〃	4′02"
	70	4′07"	4′05"	4′09"	4′07"
	68	4′12"	4′10"	4′14"	4′12"
	66	4′17"	4′5"	4′19"	4′17"
	64	4′22"	4′20"	4′24"	4′22"
	62	4′27"	4′25"	4′29"	4′27"
	60	4′32"	4′30"	4′34"	4′32"
不及格	50	4′52"	4′50"	4′44"	4′42"
	40	5′12"	5′10"	4′54"	4′52"
	30	5′32"	5′30"	5′04"	5′02"
	20	5′52"	5′50"	5′14"	5′12"
	10	6′12"	6′10"	5′24"	5′22"

学生耐力跑的成绩等级分布见表1-8。统计结果显示，成绩等级为及格的大学生所占比重最多，不及格的大学生不管是男生还是女生，都超过了20%；等级为优秀和良好的学生占比非常少，女大学生尤其少。

表1-8 男大学生1000米跑、女大学生800米跑的成绩等级分布

		城市男大学生	乡村男大学生	城市女大学生	乡村女大学生
优秀	人数	44	48	26	31
	比例(%)	3.6	4.3	2.3	3.4
良好	人数	124	128	104	103
	比例(%)	10.3	11.3	9.0	12.2
及格	人数	712	657	746	596
	比例(%)	58.9	58.2	64.8	64. 7
不及格	人数	329	296	276	191
	比例(%)	27.2	26.2	23.9	20.7

（四）柔韧素质现状

人体在活动时各关节、肌肉以及韧带的伸展度和弹性大小主要从柔韧素质中体现出来。一般通过坐位体前屈测试来评价大学生的柔韧素质。根据《国家学生体质健康标准》，大学生坐位体前屈成绩评分表见表1–9。

表1–9　大学生坐位体前屈成绩评分表（单位：厘米）

		男大学生		女大学生	
等级	单项得分	大一 大二	大三 大四	大一 大二	大三 大四
优秀	100	24.9	25.1	25.8	26.3
	95	23.1	23.3	24.0	24.4
	90	21.3	21.5	22.2	22.4
良好	85	19.5	19.9	20.6	21.0
	80	17.7	18.2	19.0	19.5
及格	78	16.3	16.8	17.7	18.2
	76	14.9	15.4	16.4	16.9
	74	13.5	14.0	15.1	15.6
	72	12.1	12.6	13.8	14.3
	70	10.7	11.2	12.5	13.0
	68	9.3	9.8	11.2	11.7
	66	7.9	8.4	9.9	10.4
	64	6.5	7.0	8.6	9.1
	62	5.1	5.6	7.3	7.8
	60	3.7	4.2	6.0	6.5
不及格	50	2.7	3.2	5.2	5.7
	40	1.7	2.2	4.4	4.9
	30	0.7	1.2	3.6	4.1
	20	−0.3	0.2	2.8	3.3
	10	−1.3	−0.8	2.0	2.5

学生坐位体前屈的成绩等级分布见表1–10。统计结果显示，女大学生的成绩比男大学生好，从不及格学生所占的比例来看，男大学生比女大学生多，从优秀学生所占的比例来看，女大学生比男大学生多。不管男大学生还是女大学生，成绩等级为及格的学生占多数，均超过一半。

表1-10 学生坐位体前屈成绩等级分布

		城市男大学生	乡村男大学生	城市女大学生	乡村女大学生
优秀	人数	180	163	175	171
	比例(%)	14.9	14.4	15.2	18.5
良好	人数	155	155	337	269
	比例(%)	12.8	13,8	29.3	29. 2
及格	人数	816	756	626	475
	比例(%)	67.5	66.9	54.3	51.6
不及格	人数	58	55	14	6
	比例(%)	4.8	4.9	1.2	0.7

二、身体素质的问题

大学生身体素质逐步下降，下降最明显的是力量、速度和耐力，这是我国大学生身体素质方面的主要问题。力量是其他身体素质的基础，对其他身体素质的发展具有重要影响。但当前我国大学生的力量水平较低，还需要不断加强力量练习。

大学生的速度近年来也呈现出明显的下降趋势，女大学生下降幅度比男大学生大，男大学生下降平稳。速度的下降对大学生的身体素质及学习运动技能造成了严重影响。

大学生的耐力水平整体较低，这一方面反映了大学生身体素质较差；另一方面也体现出大学生意志力不够顽强，缺乏吃苦耐劳的精神。因此，还需在运动锻炼中进一步锻炼耐力与心理品质。

第二章 高校体育教学方法研究

第一节 教育理念对体育教学的影响与启示

我国新一轮基础教育课程改革对课程目标、结构、内容、实施、评价和管理进行了全面调整和定位。其观念之新、范围之广、力度之大，是中华人民共和国成立以来前所未有的，也是我国近代教育史上所少见的。可以说，这一课程改革的形态不同于中国传统教育发展的逻辑，也有别于西方理论视野勾画出来的现代教育形态。其源于中国特色的改革和建设发展模式的勾勒，其源于当代全球化教育新路向的关联，使课程改革正经历着一场“非古非西”的变革。改革是有意识的前进，就目前体育课程实施存在的问题来看，转变教育和教学的思想，清除头脑中原有的与课程不相适应的观念，改变与课程不相适应的教育教学方式和方法，有赖于教育理论的传播，促进教师对其深刻理解。否则难以使广大基层教师摆脱在体育课程改革中所面临的困境。由此揭示出如何让广大体育教师如同专业研究者一样，真切感受全球性的、国际化的教育理论，并将其纳入自己的知识体系，进而亲身实践这些理论，转变教育教学行为。应该说，这是摆在当前学校体育面前的一项重大任务。

教育改革既需要先进教育理念的指导，也需要成功价值判断的支撑。改革是有意识的前进，有什么样的教学观、学习观，就有什么样的教学行为。为此，以下选取一些与体育课程教学有关联性且影响较大的教育理论，帮助广大教师加深对理念性教学方法的认识，取其真理为我所用，回应课程教改的要求，提升其适应性及专业性，促进教师专业化教学能力的发展。

一、行为主义教育理念对体育教学的影响与启示

（一）行为主义学习观的影响与启示

行为主义学习理论认为学习的本质是行为的变化，即学习活动发生后，学习者要有可观察、可测量的外在变化。要让学生做出合乎需要的行为反应，就

必须在行为发生后有强化性的效果。斯金纳认为，教育是按照“刺激—反应—强化”的程序进行的，应将学习内容按照一定的逻辑顺序组合起来，引导学习者循序渐进地去掌握，所以强化训练是解释机体学习过程的主要机制。虽然行为主义理论由于过分推崇“学习行为”的量化效率性，忽视了“人”的学习价值，把学习送回“生物的怀抱”，但其强调教学的效率性仍然是现代教学的出发点，也是体育课程的旨归。

第一，强调反复练习是体育学习的重要条件。体育实践证明，强化是体育学习的重要基础。“刺激—反应”的学习原理与运动技能学习理论密不可分，体现运动技能形成和发展的过程，即泛化、分化、巩固和自动化的四个阶段，是一套“刺激—反应”的运动链联系系统。因此，要让学生做出正确的动作反应就必须在学习过程中适时地给予强化，而体育学习中的练习就是强化的重要表现。学生在最初观察和模仿教师的示范动作之后，还不能完整地掌握动作，只有通过反复练习才能强化正确动作，巩固刺激与反应之间的联系，避免动作记忆的消退和遗忘，最终建立巩固的、自动化的动力定型。因而，对其如何科学把握仍是体育课程关注的重点。

第二，反馈刺激是增强教学效果、提高教学质量最好的方法。概括地说，学生在练习中及时获得教师的反馈信息，会缩短学习的时间和过程。同时获得心理上的关爱，会产生“亲其师，信其道”，我师爱我，我爱我师，提高学习的效果。因而，考虑体育教学情境的各种可能性，协调看待有关体育教学如何根据学习者的特征，提供支持交流的教学情境的选择，指明每一类学习结果需要的“适配性”媒介，为学习者提供精确的反馈就至关重要了。

（二）行为主义教学观的影响与启示

行为主义教学观以“刺激—反应”说为理论基础。桑代克认为，全部教学无非是一种训练—培养对某种刺激引起反应的过程。一定的成绩产生一定的反应，而联结刺激和反应的是知识。这种思想支配教、控制学，教学过程基本上是一种灌输，以生物化的解释，抹杀了教学的社会性，但它改变了以前教学主要凭教师个人经验与体会来指导，没有人来评教的弊端，使教学不再停留于经验的推断而有了确凿的实证分析，增强了教学的精确性、可靠性，体现了现代教学有效性的精神，丰富了现代教学的理论方法。体育新课改初期我们错怪了它、尘封了它、丢失了它，导致体育课教学无密度、无负荷、无评价，没有收获教学应有的实质，不能说不是一个教训。因而它可帮助教师充分认识到影响学生行为的各种因素，通过对因素的操控，可以预防不良学习行为的发生，并引导其产生预期行为。

这一思想对于综合改革教学内容、方法和形式，使学校体育教育、教学过程达到最优化，提高教学质量仍具有较高的科学性，可帮助深化对体育课教学本质与规律的认识。

（三）行为主义评价观的影响与启示

首先，虽然如何教学的目的都需要结果的论断，但其只重结果不看过程，不管学习者的差异和能力，一考定结果是有失偏颇的。

其次，仅根据考试分数的指向表征形成评语，指出学习者的弱点是不完整的。

再次，没有从知、情、意、行整体考虑学习者学习的历程，割裂了知识学习与智能发展统一的教学目标。当前我们要走出窄化的微观学习的狭义评价理解和简单运用的思想，展开对学习评价方式更高的理论层次上的综合与概括，把学习评价问题的研究推向新的更高起点，使之与信息时代的生产方式与生活方式相适应。

最后，需要指出的是：第一，尽管行为主义教育理论有这样或那样的缺点，但是，正是其兴起点燃了教学成为科学研究的对象，为后人的研究奠定了基础。几乎后来每一学科的新发现和新理论都直接或间接支持了它的基本思想。在今天的体育教育中，我们仍然处处受到早期行为主义教育理论的影响。第二，虽然这一理论由于其历史局限性，学习的类型只能适用于人类机械记忆学习、联想学习等，但加涅的累积式学习理论指出，高级学习的前提条件是建立在低级学习基础上的，人的发展正是从低级学习走向高级学习的。

二、建构主义教育理念对体育教学的影响与启示

（一）建构主义学习观的影响与启示

关于学习的含义，建构主义认为，学习是获取知识的过程，但知识不只是通过教师传授得到，而是学生在一定的情境，即社会文化背景下，借助其他人（包括教师和学习伙伴等）的帮助，利用必要的学习资料，通过意义建构的方式而获得。强调学习是学生在学习过程中（“情境”“协作”“对话”和“意义建构”的学习环境）产生一种与人、事、物的互动或接触，这种互动是一种内化

建构的过程。这意味着学习是主动的，学生不是被动的接受者。外部信息本身没有意义，意义是学生通过新旧知识经验间反复的相互作用过程建构而具有的。

（二）建构主义教学观的影响与启示

建构主义强调，学生并不是空着脑袋走进教室的。在日常生活中，学生已经形成了丰富的经验，小到衣食住行，大到宇宙、星体的运行，从自然现象到社会生活，他们几乎都有自己的一些看法和主张。有些问题即使他们还没有接触过，没有现成的经验，但当问题出现时，他们往往可以基于相关的经验，依靠他们的认知能力，形成对问题的某种解释，做出合乎逻辑的假设。所以教师不能无视学生的这些经验，另起炉灶，从外部装进新知识，而要将学生现有的知识经验作为新知识的生长点，引导学生从原有的知识经验中“生长”出新的知识经验。

（三）建构主义评价观的影响与启示

由于建构主义强调认识主体在知识获取过程中的主动性、独特性和社会性。所以建构主义认为，教学评价应该在活动中进行、在任务中进行、在表现中进行、在协商中进行、在合作中进行。应给学生一个具体、生动的印象，应通过各种形式将上述各种评价情境中的活动式、任务式、表现式予以加深。其理论基础是来自建构主义的认知弹性理论。如前所述，认知弹性理论倡导随机访问教学，而活动式评价由于具有多样性和灵活性，能较好地适应这种教学形式，同时，它能够充分展示学生的个性特征、能力特征和学生的认识过程，是一种非常有效的学生作业评价方式。

最后指出的是：建构主义教学设计模式关注教学活动中学生的主体性作用，强调学生面对具体情境进行意义的建构，这相对于具有客观主义特点的行为主义教学设计模式和认知主义教学设计模式是一种进步。它使人们重新认识了学习的性质、教师的作用和教学的本质，重新认识了现代化、信息化、全球化时代教学的目的、任务和方法，为我们改革传统教学带来了良方。这是一种极具魅力的教学设计模式，其广泛实施将是一场学习的革命、教学的革命。当然，这些模式还处在不断的争论、发展和完善中，需要研究和思考的问题很多，实施中的挑战亦不可低估。同时，这些模式中过于强调学生的经验、否定教师主导作用的倾向是不可取的，要坚决予以否定。

三、人本主义教育理念对体育教学的影响与启示

（一）人本主义学习观的影响与启示

人本主义学习理论认为，学习是人固有能量自我实现的过程，学习的实质在于形成和获得经验，学习过程就是经历的过程。因此，应从人的直接经验和内部感受来了解人的学习行为。他们认为，学习是发挥人的潜能、实现人的价值的过程，在这个过程中，学生的自我参与、自我激励、自我评价和反思具有重要作用。

（二）人本主义教学观的影响与启示

人本主义教学观主张尊重学生的本性与要求，主张教学的职能是使人充分地成为名副其实的人，而不只是提供人力资源，教学的价值就在于为每个学生提供真正有助于其个性解放和成长的经验，教学要重视人的存在，强调学习的内部动机基础。反对那种教学过于强调外力的塑造和教师的权威。注重人性化教学，强调以学生为中心的教学、陶冶情感的教学、成就感教学、安全感的学习气氛。用罗素的话来说，我们不应当把学生当作手段，而应当把学生的发展本身当作目的。这种价值观强调学生的自由与独特性、整体性、自我指导性，认为学生自我学习的理智训练、心智的发展和完善比理性知识的目的更为重要，人格的陶冶比知识的掌握更重要。这种强调学生个体自由发展的教学价值观，与强调满足知识需求的教学价值观相比，给了学生以自主的人的地位，学生已不再被当成是为适应外在的目的而被训练的对象，而是在学校和教师的帮助下，完成一定阶段上自我实现的人。

（三）人本主义评价观的影响与启示

人本主义价值观所反映的是人们站在不同的立场上对教育的不同看法。从19世纪中叶一直到现在，造就“完整健全的人”与“满足社会的需要”两种课程教学价值取向一直处于矛盾中。教育在当代社会受到重视的最根本原因是它对社会发展尤其是经济发展所具有的巨大的促进作用。因此，社会本位的价值取向大行其道并不令人感到意外，但是任何事情都有一个限度，在为追求经济发展的目的而忽视学科的自身逻辑，并且在教育中日益压抑人性的发展引起人们的反思。人本主义价值观的出现，提醒人们开始重新重视课程的学术价值与教育的人文价值。在课程教学价值取向问题上，我们走过的弯路太多了。当今

天人本主义教育理论已成为发达国家基础教育课程改革的主旋律，主体教育、全纳教育已经成了现代课程教学价值取向演变的趋势。

第二节　体育操作性教学方法的建构

一、操作性教学方法的概念和辨析

操作性教学方法是学校教育各门课程独有的具体教学方法的总和。每种方法具有的特性，只适用于特定的科目学习与固定的程序和方式。具有“方式的具体性”“内容的特定性”“程序的稳定性”“应用的可操作性”等特点。落实在教学行为和手段上的具体方法，或者叫“学科具体教学法”。正如有学者认为，学科具体教学法与特定的教学内容相聚合，它具有相对固定的教学程序，运用于一些特定的教学方式和手段。诸如讲授法、演示法、练习法、游戏法、竞赛法等。学科具体教学法使用的合适与否，与教学内容的契合程度存在关联。要注意两个方面：第一，方法本身的合理与否，比如分散练习法用于新授课教学上可能会不合适；第二，方法使用的合适与否，比如发现法用于复习课教学上可能也不合适。因为每种方法都有其优点和缺点，当一种教学方法产生合适的效果时，它就有效，反之就无效。

二、体育操作性的教学方法与运用

(一)行为主义教学方法:“程序教学法”的运用

程序教学模式是行为主义教学的经典，对世界教育产生过深刻的影响，至今仍在教学中使用，其教学方案有很多特色值得我们学习、领会、选择运用。根据斯金纳的设计，程序教学的过程是，把教学内容根据学习过程分解成许多小步骤，并按一定逻辑排列好。每一步骤根据学生回答问题后，通过出示正确答案，使他们确认自己反应的正误，然后再进入下一步骤的学习。如领会式教学模式，在快速跑学习中，教师首先让学生带着问题练习，然后问为什么有的同学跑得快，有的同学跑得慢，让同学们进行总结。紧接着让同学们再练习，再总结，在练习中不断改进与提高，从而完成学习目标。

1.小步子原则

小步子原则，是指把运动技能的学习内容按其内在逻辑关系分割成许多小的单元。这些小单元称作小步子。分割后的小单元按一定的逻辑关系排列起来形成程序化教材，以确保学生由浅入深、由易到难、循序渐进地学习。这个原则在今天看来仍有一定的价值，尤其是对当前体育课程改革中提出的单元教学起着重要的作用。但需要注意的是，在单元的划分上要由具体的教学性质和任务来确定步子的大小，不能完全像斯金纳主张的那样步子分割得越小越好。

2.积极反应原则

斯金纳认为，传统教学主要是教师传授知识，学生被动接受知识的过程，学生很少有机会对每一个学习内容做出反应。要改变这种消极学习的现象，就必须要求学生在上述“小步子”（每一单元）的学习内容中都要做出积极的反应。体育教师要注意按单元内容之间的联系组合起来进行动作示范，要求学生“跟我学”，并通过练习、展示等方式使学生做出反应，引导学生循序渐进地掌握技能，以保持积极、持久的体育学习动机，提高学习效率。

3.即时反馈原则

即时反馈原则，是指当学生展示所学运动技能（做出反应）后，必须及时使他们知道其反应是否正确。这就要求体育教师对学生的“反应”给予“即时确认”。尤其是对学生做的正确动作要给予及时强化，从而提高学生的自信心。体育课程所强调的体育学习评价的反馈与激励功能，就是建立在此基础之上的。

4.自定步调原则

自定步调原则，是指在体育学习中应该让学生根据自己的基础和潜力制订学习计划，培养学生自主学习的能力，强调个体化的学习方式，并不断通过练习纠错、评价反馈等措施，引导学生实现学习目标。

5.低错误率原则

低错误率原则，是指在小步子的体育学习内容引导下，学生可以尽量避免可能出现的错误“反应”，提高学习效率。

该设计比较突出的优点在于它能保证使学生在学习中得到即时反馈，使学生在每一步学习小步子上都得到强化，较好地适应了差异性和多样化的个体需求，从而克服传统教学设计中过于侧重整体而忽视个体的不足。

（二）建构主义教学方法：“抛锚式教学、随机访问教学、支架式教学”教学法的运用

1.抛锚式教学

抛锚式教学也称为情境教学、实例式教学或基于问题的教学，就是根据事先确定的学习主题，在相关的实际情境中选择某个真实事件或真实问题，在课堂上展现出与现实中专家解决问题相类似的探索过程，教师提供解决问题的原型，并

指导学生探索。这种教学使学习在与现实相类似的情境中发生，以解决学生在现实生活中的问题为目标，对于培养学生解决问题的能力和探索精神有重要作用。

该模式主要强调以技术为基础的学习，由美国温特比尔特大学皮波迪教育学院认知与技术课题组（Cognition and Technology Group at Vanderbilt，CT-GV）在布朗斯福特的领导下开发的。抛锚式教学设计的主要目的是使学生围绕一个完整的问题情境，产生学习的需要，并通过镶嵌式教学以及学习共同体中成员间的互动、交流，使学生在探究事件或解决问题的过程中自主地理解知识，建构意义。

抛锚式教学设计有两条重要的原则：教学活动紧紧围绕某一“锚”来设计。所谓“锚”即某种类型的个案研究或问题情境。这种教学要求建立在围绕探索问题的基础上，因而被形象地比喻为“抛锚”，因为这类事件或问题被确定了，整个教学内容和教学进程也就被确定了（就像轮船被抛锚固定一样）。教学的设计应允许学生对教学内容进行探索。如允许学生探索问题的多种可能解答、发展有关体验的表征、学生自己生成项目等。抛锚式教学由5个基本环节组成：围绕问题、确定情境、自主学习、合作学习、效果评价。其目的是培养学生解决问题的能力，让每一位学生成为实践者。

情景教学不仅是建构主义教学观的必然要求，同时也得到认知心理学的支持，称为“情景认知”。这一领域的最新研究表明，认知活动具有情景关联性，即特定“情景”或“场合”不仅能够决定我们对事件意义的理解，还能影响我们的知觉内容及学习方式，并且会对记忆产生深远的影响。

2.随机访问教学

随机访问教学也称随机通达教学，是基于建构主义学习理论的“认知弹性理论”发展起来的。认知弹性理论认为，人的认知随情景的不同而表现出极大的灵活性、复杂性和差异性。基于认知弹性理论的随机访问教学，是指对同一内容的学习安排在不同时间多次进行，每次的情境都是经过改组的，而且目的不同，分别着眼于问题的不同侧面。也就是说，学生可以随意通过不同途径或不同方式进入同样教学内容的学习，从而获得对同一事物或同一问题的多方面认识与理解。这种教学避免抽象地谈概念的一般运用，而是把概念具体到一定的实例中，与具体情境联系起来，有利于学生形成背景性经验，针对具体情境并用于指引问题解决的建构。以使学生对同一内容或问题进行多方面探索和理解，获取多种意义的建构。这里的“访问”原是计算机科学术语，主要指在互联网上对不同网站进行搜索、访问。“随机访问”即自由地、随机地从不同角度访问、探索、建构同一内容。这实质上是“换一个角度看问题，换一个情景解决问题”的教学模式。

3.支架式教学

建构主义倡导的“支架式教学”，是在苏联著名心理学家维果斯基理论的基础上发展起来的。他在“文化—历史心理理论”的基础上提出了著名的“最近发展区”理论假设。他认为，儿童的心理发展存在两个水平：第一个是“实际发展水平”，第二个是“潜在发展水平”，两个水平之间的区域被称为“最近发展区”。支架式教学的基本特征是重视社会交互知识和文化在知识理解和意义建构中的作用，认为儿童认知能力的发展不仅是一个个体的过程，还是一个社会和文化的过程。这种教学模式是社会性建构主义教学观的集中体现。

“支架”原意是建筑行业使用的“脚手架”，这里用来形象地说明通过一套概念框架帮助学生理解特定知识、建构知识意义的教学模式。通过支架（教师的帮助）把管理学习的任务逐渐由教师转移到学生手里，最后撤去支架。这里用来比喻对学生解决问题和建构意义起辅助作用的概念框架。它根植于学生的“最近发展区”，通过支撑作用，学生的认知发展不断从实际水平提升到潜在水平。教师的作用就在于使这样的概念框架尽可能完善。支架式教学包括以下几个环节：

（1）预热

将学生引入一定的问题情境，并提供可能获得的工具。

（2）探索

由教师为学生确立目标，用以引发情境的各种可能性，让学生进行探索尝试。在此过程中，教师可启发引导，提供问题解决的原型，而后要逐步增加问题的探索性成分，让学生自己去探索。

（3）独立探索

教师放手让学生自己决定探索的方向和问题，选择自己的方法，独立进行探索。在这个环节，不同的学生可能会探索不同的问题。另外，当今的建构主义者重视教学中“学习共同体”成员间的相互作用，合作学习、交互式教学已在我国课程体育教学中提倡采用。

（三）人本主义教学方法：“非指导性教学、学习者中心教学、成就感教学”等教学法的运用

1.“非指导性”教学模式

“非指导性”教学模式是以人本主义心理学为基础，着眼于学生人格发展，

以学生为中心的教学模式。其理论强调学生“自我实现”潜能的作用，教师仅仅起“促进”作用，所以叫“非指导性”教学。罗杰斯认为，传统教学中的“教授知识”最多是给学生一些陈旧过时的知识，这种“依赖知识、依赖训练、依赖接受某些被教授的东西是毫无用处的”。“非指导性”教学理论首先基于对人类的基本信任，相信人类的天生潜能是积极的，只要后天提供一定的条件，潜能就会自然而然地释放出来，潜能也因而得到实现。

2.学生中心的教学

该主张认为教师要成功进行以学生为中心的教学，必须具备以下几个特质：①信任学生：如果教师能相信学生具有发展自己的潜能，则应该允许他们有机会选择自己的学习方式；②真诚的态度：卸下教师的面具，感知学生的心理感受和体谅学生；③尊重学生：尊重学生的人格、情感和意见，不随意批判学生，不使学生感到受到威胁；④了解学生：深入了解学生的内心反应，并设身处地地站在学生的立场了解学习过程。

3.人性化的教学角色

强调个人选择、师生关系及班级气氛等条件的重要性。师生关系能增进学生深入学习或了解自我。基于此，教师欲使教学有效，必须设法建立良好的师生关系。

4.安全感的学习气氛

一个班级是一个小型的社会体系。从班级心理学的观点来看，学生只有在没有威胁的情况下，才有可能产生最容易、最有意义及最佳记忆的学习。

5.成就感教学

人本心理学家强调个人的自我知觉是决定行为的基本因素。为了培养学生积极的自我观念，学校应重视成就感教学，使学生在学校活动中获得成功的满足感，肯定自我价值，逐渐形成一个健全积极的自我观念。在教学上，应依据学生的个别差异因材施教，实施个别化的教学，减少学生在团体中的挫败感。在评价方面，应重视学生的自我评价，避免学生间的相互比较。

6.价值澄清教学

价值澄清教学承认人有选择的自由和自我决定的能力，它通过一些教学活动，协助学生对自己的信念、情感、行为做自我分析和自我反省，从而理清自己的价值观、确立自己的形象。

7.陶冶情感的教学

人本主义心理学家认为将知识与情意的教学分开是一件不可思议之事，这两者是相互关联、相辅相成的。在陶冶情感教学方面，人本心理学家提出下列重要的教学策略：①在教学中，教师宜将自己的真诚流露出来，使学生了解教师的内心感受；②教师要了解学生的需要和情感，并协助学生建立积极的情感；③安排适宜的情境，使学生有机会探索自己的情绪，或学习感知别人的情感，以及得到被尊重、被接受和被了解的经验。

人本主义的这些诉求指出了现代学校的“未完成性”，无疑对当代体育教育改革有较大的启迪，值得从事体育教育工作者的高度重视，对体育教育教学的影响与启示在于以下四个方面：

第一，体育教育的途径应重“自我实现”，促进学生的全面发展。人本主义主张教学要激发学生的潜能，重视学生的意愿。因此，体育教学必须坚持“以人为本，促进人的全面发展”的教育方向。它一方面使每一个学生都投身到体育活动中，并在教学活动和身体锻炼中得到提高，体验到体育的乐趣，领略到体育的魅力；另一方面就是要因材施教，防止体育教学中“吃不饱”与“吃不了”的现象出现。因此，教师应帮助学生找到一条最能有效发挥个人创造性和个性才能的学习途径与策略，鼓励学生去发现和发展最适宜自己的活动内容、活动方式和活动习惯，激励他们超越自我、体现个性、实现自我。

第二，体育教育的模式应“授人以渔”，鼓励学生自主学习。人本主义强烈反对以教定学的行为，主张“非指导性教学”与自我实现。为此，体育教师不应只是传授体育技术技能和基本理论知识的教育者，更重要的是要培养学生学习的能力，即所谓的“授之以渔”而不是“授之以鱼”，使学生形成终身体育的习惯。

第三，体育教育的方式应重“意义学习”，复现知识性的多维面孔。人本主义强烈反对重知轻情，或知、情分离的传统教育，提倡人本主义的意义学习。意义学习不单纯追求知识增长，更看重在其过程中把每个人各部分经验都融合在一起的学习。在罗杰斯看来，学习是一个有、无意义的连续体。在这个连续体的一端是无意义学习，这是一种机械灌入式的学习，不仅不能引起学习者的兴趣，而且会成为一种沉重的学习负担，使学习者感到厌烦、枯燥。而在连续体的另一端是有意义学习，这是一种“自我主动的学习”，使其自我潜能充分发挥出来，成为富有创造性的、人格健康发展的、能进行自由选择并为这个选择负责的人。

第四，体育教育应重视培养学生良好的道德品质与行为习惯。人本主义学习理论强调道德教育，认为理想的学习是将道德教育贯穿于教学之中，渗透于学习过程的各个环节，使学生寓教于乐，在不知不觉中形成健全的人格。

第五，“非指导性”教学模式针对传统教学只注重人的理智发展，片面训练人的认识能力，忽视学生情感培养的弊端。提出教学目标应该以人的本性为出发点，把教学作为促进自我实现的工具，开发人的创造潜能，形成人的独立个性，最终目标是培养真正自由独立的、知情合一的“完整的人”，这些都是值得提倡的。但是它过分强调以学生为中心，必然会削弱教师在教学中的作用。同时，完全放弃课程内容对学生的教育作用，对教学可能也会产生不利影响，应坚决摒弃。

第三章 高校体育运动训练的理论与方法

第一节 体育运动训练的发展与原则

一、体育运动训练的发展

（一）体育运动训练的发展现状

科学、有序的运动训练能够将大学生的运动潜力充分挖掘出来，同时，还能够有效培养和提高大学生的各项身体素质，为大学生竞技水平的发挥提供保证，促进其取得优异的比赛成绩。

近年来，运动训练得到了一定的发展，并且取得了一定的成果，但是不可否认的是，其中也存在着诸多问题需要改进，这些问题对我国大学生运动训练的进一步发展产生着严重的制约作用。

1.体育运动训练思路不够合理

训练思路是训练工作的指导思想，是对于训练规律的认识。运动训练思路方面存在的核心问题在于“对运动成绩本质的理解和对训练工作的设计以及对训练过程的控制”。训练思路的正确与否，会对训练工作产生重大的影响。

目前，没有哪一种体育训练理论是终极的，是真正抓住运动心理的本质规律的理性认识，然而对传统训练理论的“思维范式”使得众多的高校体育教师忽视和搁置其他先进训练理论。不得不承认，导致现代运动训练存在问题的原因有很多，其中，训练思路的不合理是产生这些问题的重要因素，这对我国运动训练的发展有一定的阻碍作用。因此，高校体育教师和相关学者必须加大对运动训练的研究力度，还要借鉴国外的经验，取其精华，去其糟粕。只有这样才能重新建立更加全面、完善、系统的训练思路，才能对运动训练的不断进步产生积极的促进作用。

2.体育运动训练的理论研究具有一定的局限性

目前，我国运动训练理论研究的局限性主要在两个方面得到体现：一方面，是对运动训练的概念还没有清晰的认识；另一方面，是没有建立起一个完善的运动训练理论与实践体系。

在运动训练中，体能是大学生竞技能力的主导和核心，对激烈比赛的胜负起着决定性作用。因此，对运动训练进行研究自然包括对大学生体能的研究，我国运动训练的研究主要集中在以下方面，对心理训练、智力训练涉及较少。当前的体能训练研究主要包括以下三方面的内容：第一，对大学生体能构成的分类研究；第二，对大学生体能水平综合表现的指标构成的研究；第三，从大学生的整体竞技能力结构出发，对大学生体能的总体宏观研究。

运动训练的上述研究将对人体发展规律的重视突出来，对于体能专项训练的科学化是较为有利的，但这些研究将体能看作一个整体，很少涉及其对专项运动成绩的影响，对构成体能水平的具体指标对大学生运动成绩的影响研究也非常少。对于运动水平较高的大学生来讲，缺乏体能水平理论与方法指导研究，由此可以看出，我国运动训练研究的整体理论与方法体系还需要进一步完善。

3.优育运动训练理论认识还不够

涉及面广，与众多其他学科有着较为紧密的联系，对体育运动训练理论认识的不足主要在我国体育运动训练方面的高校体育教师缺乏综合性的专业知识方面得到较为显著的体现。具体来说，运动训练具有综合性，但我国运动训练的教练组成相对单一，综合性不足，不具有运动生理学、运动心理学、运动医学、物理治疗等多方面的专业知识，直接导致了我国运动训练高校体育教师对体能理论知识认识的片面性，从而一定程度上限制了对我国运动训练体系的认识和训练水平的提高以及该学科的发展。

现阶段，我国体育科研对运动训练方面的内容涉及较少，运动训练研究与运动训练实践相脱节。运动训练的重要影响因素和内容要求高校体育教师必须具备全面的知识和理论认知，但就目前我国运动训练的发展现状来看，大多数高校体育教师的理论认识都存在这样或那样的不足。因此，这就要求尽可能有针对性地改善这一状况，从而降低其对运动训练发展的制约。

4.体育运动训练缺乏相应的理论指导

理论能够在一定程度上指导实践的进行，高校体育教师用反映运动训练规律的有关理论来对学生的头脑进行积极的指导，能使学生自觉地遵从训练的基本规律进行训练，这不仅有助于大学生掌握技能、提高战术水平，还有助于运动实践能力的提高。但在当前的运动训练中，这方面却存在着一定的问题，即一方面强调对运动训练理论的研究，另一方面理论研究成果置之一边没有真正应用到运动实践中去。这种理论与实践相脱离的现状很难使大学生获得良好的训练效益，大学生通过训练来提高其战术水平的效果不是很明显。因此，建立科学的运动训练理论指导是非常有必要的。

5.体育运动训练内容的安排不够恰当

通过对我国运动训练现状的调查研究发现，运动训练中一般运动训练与专项运动训练安排不合理的问题普遍存在，具体来说，其主要体现在两个方面：一方面，初级大学生的运动训练，过早地运用成年大学生的训练方法和手段，专项训练比例和强度过大，致使大学生的训练出现“早期专项化”；另一方面，高水平大学生的高级训练，对大学生的高强度专项能力训练不够重视，但对于高水平大学生来说，完整和高强度的专项训练尤其重要。进入高水平训练阶段后，大学生成绩的提高很大程度上依靠“体能”的改善来实现，当前的运动训练内容安排的不当直接导致大学生难以有显著的成绩突破，竞技能力“可塑空间”逐渐减少，只能停滞在当前的专项体能水平上，更有甚者会出现倒退现象。

运动训练中的一般与专项运动训练的内容没有得到恰当的安排，与大学生的生理发育规律相违背，使得训练的系统性遭到了破坏，专项化、个体化和高强度的训练难以实现，大学生难以再获得专项能力的提高，这就会对大学生的运动生涯产生非常不利的影响。

（二）体育运动训练的发展趋势

通过对体育运动训练发展现状的分析，能够对其发展的趋势进行一定的总结和预测。

1.科学化趋势

随着现代科技的不断发展，现代体育科技也得到了丰富，对体育运动实践发挥着越来越重要的作用。充分利用各种科学技术，能在训练实践中对大学生的训练产生积极的指导和促进作用。如利用生理、生化指标控制运动量和运动强度、利用先进测试仪器评价大学生在训练中的机能状况和身体素质水平、利用高速三维摄影仪分析大学生的技术动作等，都在不同程度上对大学生运动技术水平的提高起到积极的作用。由此可以看出，训练的科学化程度越来越高是现代体育运动训练的一个重要发展趋势。

2.专项化趋势

现代竞技运动的不断发展对运动训练科学化程度的不断加深起到积极的促进作用，运动训练呈现出专项化程度越来越高的趋势。由于不同的运动项目对大学生的运动专项体能素质要求不同，传统的枯燥、简单的田径场训练和杠铃练习正在不断减少，现阶段，多样的高度专项化训练方法不断出现，这也是运动训练未来的重要发展趋势之一，要引起重视。

3. 周期化趋势

第一，现代运动训练的训练周期概念被更新，重视全年训练的多周期理论。现阶段，传统的全年双周期训练模式被打破，准备期运动训练减少，专项训练成分增加；训练负荷不断增大，并且突出专项强度。

第二，由于比赛数量的大幅增加，越来越多的大学生和高校体育教师开始重视以赛代练，以此来促进大学生竞技水平的不断提高。

4. 多样化趋势

我国大学生和高校体育教师在运动训练方面积累了丰富的经验，因此，他们总结了多种多样的训练方法来指导运动训练，这也是运动训练方法日益多样化发展的主要原因。现代体育发展和提高大学生的体能，以“速度”和“力量”为核心，对实效性、大学生的特长发挥的重视程度也越来越高，在传统科学运动训练方法得到了保存的基础上，同时电刺激法、计算机训练法等新的训练方法因高科技手段的引进在运动训练中得到了应用，新的训练方法与传统的训练方法相结合，使得运动训练更加科学、有效，正因如此，才促使了大学生能不断突破极限创造更优异的运动成绩。

二、体育运动训练的原则

（一）直观性训练原则

直观性训练原则是非常重要的运动训练原则，其是依据直观性与动作技能形成的教学论原理所确立的大学生必须遵循的准则。其主要目的是使这些大学生能有效地完成技术、战术和智力训练的任务。直观性训练原则来源于一般教学论和体育教学原则，是指在运动训练中高校体育教师对大学生所运用各种直观的训练手段。该训练原则通过大学生的各种感觉器官，帮助他们建立正确的动作表象，进行正确的思维学习，进而不断地提高大学生的战术水平。由于直观性原则的特点，对大学生的早期训练具有重要的意义，而由此产生的直观教学法则是以形象思维为基础确立的教学训练方法，它通过直观教学，可以培养大学生的观察能力和思维能力。

在体育运动训练中贯彻实施直观性训练原则，为了保证理想的训练效果，需要做到以下几个方面的要求：

（1）对现代科学技术进行广泛运用；

（2）对直观手段进行合理的选用；

（3）要以大学生的个体特征为主要依据来选择相应的直观手段；

（4）要将大学生的思维与兴趣有机结合起来；

（5）高校体育教师要做好带头作用；

（6）高校体育教师要不断增强自身直观训练执教的能力水平。

（二）系统化训练原则

系统化训练原则是以大学生经过多年系统、连贯的训练而有效地、稳步地提高竞技能力为目的，在其训练全过程中，对大学生实施长期、系统、连贯、有序的训练控制，以获得最大的训练累积效益的训练原则。

在贯彻实施系统化训练原则时，为了保证理想的训练效果，需要做到以下几个方面的要求：第一，要保持训练的持续性、系统性、连贯性；第二，要做好大学生各训练阶段的训练工作；第三，运用科学有效的方法为大学生度过“瓶颈”期提供一定的帮助。

（三）针对性与个性化训练原则

针对性与个性化训练原则是以突出运动训练的个体性和在各种环境条件下，更有针对性地提高训练效益为目的的训练原则。具体是指，在大学生进行运动训练时，高校体育教师要针对不同大学生个体的特点以及对手和各种训练、比赛等条件进行有针对性的个体化的训练。

针对性训练原则指高校体育教师必须针对比赛的目标、专项的特点、对手的情况、训练与比赛的环境条件，进行有针对性的训练。针对性训练目的是提高大学生对各种复杂多变的训练和比赛环境的适应能力、应变能力。针对性训练也已成为当前赛前运动训练的一个十分重要的任务和内容。个性化训练原则指高校体育教师针对每名大学生的形态、技能、素质、智力、心理和思想作风等方面的特点，确立适合于每名大学生个体特点的个体训练模式，即实施个性化训练。在运动训练中，如果采用群体模式对每个大学生个体进行训练已无法达到最佳训练效果。而现代化的运动训练正在向个性化训练的方向发展。因此，个性化训练是针对性与个性化训练原则中的核心。

在运动训练过程中贯彻实施个体化、针对性训练原则时，为了保证理想的训练效果，需要做到以下几个方面的要求：教练要重视在全面、客观地进行诊断的基础上建立符合大学生个体特点的个体训练模型；在集体项目和个人项目的群体合练中，要处理好个体与集体训练的关系，使一般要求与个别对待有机地结合起来；要注意全面了解大学生在比赛中可能遇到的情况，尤其是对手和比赛环境条件的情况。这样才能准确、合理而有针对性地安排好赛前模拟训练。

（四）动机激励原则

动机激励原则是以更好地促使大学生在以自身为主的训练过程中更好地激励自己良好的训练行为和动机，更自觉地、主动地完成训练任务为目的的训练原则，具体来说，是指在进行运动训练中通过各种方法和途径激励大学生主动从事艰苦训练的动机和行为。其是努力启发大学生的积极性、主动性，培养他们的独立思考能力、创造能力和自我调控能力的运动训练原则。

在贯彻实施动机激励训练原则时，为了保证理想的训练效果，需要从以下几个方面出发：对训练的目的性和正确价值观的培养引起高度的重视；使大学生的合理需要得到有效的满足；将大学生参与训练和比赛的兴趣有效激发出来；对大学生的主体地位进行进一步的明确；高校体育教师应做好表率作用；对大学生的自我分析和评价能力进行重点培养；选择的训练方式要科学；按照大学生的个体特征来对训练方式进行有针对性的选择；正确地运用动力。

三、体育运动训练的方法

（一）分解训练法与完整训练法

1.分解训练法

将完整的技术动作或战术配合过程合理地分成若干个环节或部分，然后按环节或部分分别进行训练的方法就是分解训练法。在需要集中精力完成专门训练任务，对主要技术动作和战术配合环节的训练进行加强时，分解训练法有着积极的意义，可以使训练取得更高的效益。分解训练法有着自己的适用范围，主要适用情况包括技术动作或战术配合过程较为复杂、可予分解，且运用完整训练法又不易使大学生直接掌握的情况下，或者技术动作、战术配合的某些环节需要较为细致的专门训练。

分解训练法主要有：单纯分解训练法、递进分解训练法、顺进分解训练法、逆进分解训练法。

2. 完整训练法

从技术动作或战术配合的开始到结束，不分部分和环节，完整地进行练习的训练方法就是完整训练法。完整训练法的运用可以帮助大学生完整地掌握技术动作或战术配合；保持技术动作或战术配合的完整结构和各个部分之间的内在联系。

完整训练法适用的范围很广，既包括单一动作的训练，也包括多元动作的训练；既有个人成套动作的训练，也有集体配合动作的训练。

（二）持续训练法

负荷强度较低、负荷时间较长、无间断地连续进行练习的训练方法就是持续训练法。持续训练主要用于一般耐力素质的发展，并对负荷强度不高但过程细腻的技术动作的完善非常有利。运用持续训练法，在较长时间的负荷刺激下，机体运动机能能够产生稳定的适应，内脏器官产生适应性的变化；可使有氧代谢系统供能能力以及该供能状态下有氧运动的强度得到提高，从而奠定基础促进无氧代谢能力及无氧工作强度的提高。

以训练时持续时间的长短为根据，可以将持续训练法分为短时间持续训练方法、中时间持续训练方法、长时间持续训练方法三种基本类型。

（三）间歇训练法

对多次练习时的间歇时间做出严格规定，使机体在不完全恢复状态下，反复进行练习的训练方法，就是所谓的间歇训练法。大学生在严格的间歇训练过程中，心脏功能得到明显的增强；通过运动负荷强度的调节，机体各机能与有关运动项目相匹配的适应性变化也得以产生；通过不同类型的间歇训练，有效地发展和提高了糖酵解代谢供能能力或磷酸盐与糖酵解混合代谢的供能能力或糖酵解与有氧代谢混合供能能力或有氧代谢供能能力；通过对间歇时间的严格控制，大学生在激烈对抗和复杂困难的比赛环境中技术动作更加稳定；机体抗乳酸能力通过较高负荷心率的刺激也可以得到提高，从而能够保证大学生在保持较高强度的情况下具有持续运动的能力。间歇训练法主要包括高强性间歇训练方法、强化性间歇训练方法以及发展性间歇训练方法这三种类型。

（四）比赛训练法

在近似、模拟或真实、严格的比赛条件下，按比赛的规则和方式进行训练的方法是比赛训练法。比赛训练法的提出有着一定的依据，包括人类先天的竞争和表现意识、竞技能力形成过程的基本规律和适应原理、现代竞技运动的比赛规则等因素。大学生全面并综合地提高专项比赛所需要的体、技战、心、智各种竞技能力可以通过比赛训练法的运用而实现。比赛训练法的类型主要有四种，即教学性比赛方法、模拟性比赛方法、检查性比赛方法和适应性比赛方法。

第二节　科学化运动训练的基础知识

一、科学化运动训练的基础

（一）运动训练的范围

运动员通过系统、集中的训练以完成特定的目标。训练的目的是提高运动员的竞技能力，从而提升运动成绩。训练是一项系统工程，会涉及生理学、心理学及社会学的诸多因素。在此期间，训练要遵循循序渐进、区别对待等基本原则。在整个训练过程中，运动员的生理和心理素质得以塑造，从而满足一些严格的任务要求。

不管是初学者还是职业运动员，至关重要的一点是制定切实可行的训练目标。训练目标要根据个人能力、心理特征和社会环境来设计。有些运动员是为了赢得比赛或提高成绩，有些运动员则是追求获得运动技能或进一步提高生物动作能力。不论目标如何，都应尽可能地精确及可测量。不论是短期目标还是长期目标，在训练开始之前就应设定好，并且明确实现目标过程的具体细节。而完成这些目标的最终时刻，往往是一次重大的比赛。

（二）运动训练的目标

训练是运动员为了达到最佳竞技状态的准备过程。通过制定系统的训练计划，可使教练员的训练工作更有效率，而设计训练计划需要借鉴各门学科的知识。

训练过程是以发展专项特征为目标，这些特征与完成不同的训练任务紧密相关，包括全面身体发展、专项身体发展、技术能力、战术能力、心理素质、健康管理、伤病预防以及相关理论知识。要想获得上述能力，需要根据运动员的年龄、经验和天赋，运用个性化、适宜的方法和手段。

1.全面身体发展

全面身体发展也称为一般身体素质，是所有体育运动训练的基础。一般身体素质发展的目的是改善基本的身体能力，如耐力、力量、速度、柔韧和协调。运动员全面身体发展的基础越扎实，就越能经受住专项训练，最终可能发挥出更大的运动潜力。

2.专项身体发展

专项身体发展也称为专项身体素质，是为了发展专项运动所需要的生理或身体素质特征。这种训练类型是为了实现运动的一些特定需要，如力量、技能、耐力、速度和柔韧性。不过，许多运动项目需要各种关键运动能力的组合，如速度—力量、力量—耐力或速度—耐力。

3.技术能力

这种训练强调以发展技术能力为核心，技术能力是获得体育运动项目成功所必需的条件。提高技术能力是以全面和专项身体发展为基础的，例如完成体操十字支撑动作的能力，要受到生物动作能力中力量因素的制约。针对发展技术能力训练的最终目的是完善技术动作，优化专项运动技能，专项运动技能是展现最佳竞技状态所必需的。发展技术能力应当在正常和特殊状况（如天气、噪声等）下进行，并且始终要围绕完善运动项目所必需的专项技能进行。

4.战术能力

发展战术能力对于训练过程也是极为重要的。战术能力训练的是为了完善比赛策略，该项训练要以竞争对手的战术研究为基础。具体来讲，这种训练的目的是利用运动员的技术和身体能力来制定比赛战术，增加比赛获胜的概率。

5.心理素质

心理准备也是确保发挥最佳体能所必需的要素。有些专家也称之为个性发展训练。不管术语如何称谓，发展心理素质（例如自制力、勇气、毅力和自信）对于成功展现运动能力是必不可少的。

（三）运动训练系统

系统是指将某些观点、理论或假说采用正确的方法和手段加以组合的组织方式。一个系统的发展应该基于科学成果及实践经验的积累。虽然一个系统在自身独立前会依附于其他的系统，但该系统不应被一成不变地移植，而且创造或完善一个更好的系统必须考虑到实际的社会和文化背景。

1.揭示系统的构成要素

构成要素是训练系统发展的核心，这可以从训练理论和方法的有关基本知识、科学成果、本国优秀教练员的经验积累以及其他国家的经验中提炼和总结。

2.明确系统的组织结构

确定了决定训练系统成功与否的核心要素后，就可以建立现实的训练系统了，而短期的和长期的训练模式也应当随之建立。该系统应当能为所有教练员共享，但也应当保持足够的灵活性，以便教练员能够根据他们自身的经验进行下一步的丰富与完善。体育科研工作者对于建立训练系统起着十分重要的作用。体育科学研究，尤其是应用领域的研究所提供的成果，丰富了训练系统赖以不断发展和完善的知识基础。此外，体育科研工作者的工作还能有益于完善运动员的监测计划和选材计划、建立训练理论以及完善疲劳和压力处理方法，等等。尽管体育科学对于训练系统的重要性是显而易见的，但这门分支科学并未在全世界受到足够的重视。

3.验证系统的效能或作用

一旦启动训练系统，就应当经常对其进行评估。训练系统有效性的评估可通过多种方式进行。验证训练系统效果的最简单的评估方法是该系统带来了实际运动成绩的提高，也可使用更为复杂的评估方法，包括对生理适应的直接测量。此外，力学评估方法可用于定量地测定训练系统的工作效率，例如最大无氧功率、最大有氧功率、最大力量以及力量增长率峰值的评估。体育科研工作者在此领域中起着极为重要的作用，他们运用自己的专业知识来评价运动员，并对训练系统效率的提升提出独到的见解。如果训练系统并非最佳，那么训练团队可以重新进行评价并进一步改进系统。

总体来说，训练系统的质量依赖于直接和支持因素。直接因素包括那些与训练和评价相关的因素，而支持因素与管理水平、经济条件、专业化能力、生活方式相关。每一个因素对于整个训练系统的成功都发挥着重要作用，但直接因素的作用更为重要。直接因素的重要性进一步强调了这一观点：体育科研工作者为高质量训练系统的发展和完善做出了重大贡献。

高质量训练系统对于达到最佳竞技状态是必不可少的。训练的质量不仅取决于教练员，还取决于许多因素的相互作用，这些因素会影响到运动员的训练成绩。因此，所有会影响训练质量的因素都需要进行有效落实和评估，必要时进行调整，以满足当代体育运动不断变化发展的需求。

（四）运动训练的适应

训练是一个有组织的过程，它使身体和心理都在不断地接受各种负荷量和强度的刺激。运动员适应和调整训练与比赛负荷的能力，同生物物种适应其所生存的环境一样重要——适者生存!

对于运动员来说，如果无法适应不断变化的训练负荷与训练及比赛带来的刺激，将会导致疲劳、训练过量甚至过度训练。在这种情况下，运动员无法完成既定的训练目标。

高水平竞技能力是多年精心筹划、系统而富于挑战性的训练结果。在此期间，运动员不断调整自身的生理机能以适应专项运动的特殊要求。运动员对训练过程的适应程度越高，就越能发挥出高水平的运动潜力。因此，任何组织严密的训练计划，其目标都是促进适应，从而提高运动成绩。

训练的目标是逐步地、系统地增加训练刺激（训练强度、训练负荷量和训练频率）以得到较高的适应，从而提高运动成绩。这些训练刺激的变化是指训练要素的改变，以使运动员对训练计划的适应最大化。

二、科学化运动训练的原则

运动训练原则是运动训练过程客观规律的反映，遵循训练原则就是遵循训练过程的客观规律，在很大程度上反映了训练的科学化水平；违背训练原则就是违背训练过程的客观规律，训练就不是科学的。运动训练原则对训练实践的重要指导作用也主要表现于此。因而实施科学化训练，就必须遵循运动训练原则，训练原则的贯彻是科学化训练的最重要的体现。

（一）一般训练与专项训练相结合的原则

一般训练与专项训练相结合的原则就是指在运动训练过程中，要根据运动项目的特点，运动员的水平和不同训练时间、阶段任务，恰当地安排两者的训练比重。

一般训练和专项训练两者在内容、手段以及所起的作用方面是不同的，但其目的是一致的，都是为了提高运动员的专项运动成绩。对大学生运动员来说，在训练的基础阶段，离开一般训练，过多采取专项训练的内容和手段，对今后的发展是不利的，重要的是如何按不同水平和层次的运动员的实际情况，在训练过程的不同时期和阶段，恰当地安排好一般训练与专项训练两者的比重。

（二）系统的不间断性原则

系统的不间断性原则是指从初期训练到出现优异运动成绩，以及保持和继续提高，直至运动寿命的终结，都应系统地、不间断。贯彻系统地不间断性原则的基本要求。

（三）周期性原则

运动训练过程的周期一般分为：多年训练周期（4～8年）、训练大周期（0.5～1年）、中周期（4～8周）、小周期（4～10天），以及训练课（1.5～4小时）这几种不同类型的训练周期，并以此制定各种训练计划。

每个训练周期是由准备期、竞赛期和休整期三个相互紧密衔接的时期所组成的。而每个时期都有其各自的主要任务、内容、负荷的安排、手段和方法。

就运动项目的特点而言，各运动项目对运动员机体能力有不同的要求，而且赛季的安排也不尽相同，如体能类的耐力性项目，准备性训练和比赛都要消耗巨大的体能，并且需要恢复的时间相对较长，因而全年大周期就相对较少；而一些技能类表现性项目和对抗性项目，尤其是球类，相对来说竞赛安排较多，赛季也长，全年训练大周期就多一些，多采用多周期（如双周期）制，或者竞赛期安排的时间较长，此外冬季运动项目如滑雪、滑冰等，受季节的影响，一般也只安排1～2个大周期。

在现代运动训练中有的项目的优秀运动员年度中参加重大比赛的次数较多，并要求多次创造优异运动成绩，因此有的研究提出多周期的安排，这在优秀运动员的训练中是需要进一步通过实践和科学研究加以探讨的。

（四）区别对待原则

区别对待原则是指在运动训练过程中，要根据运动员的个人特点，有针对性地确定训练任务，选择方法、手段和安排运动负荷。区别对待原则中所指的个人特点，包括运动员的年龄，性别，文化水平，身体条件，承担负荷的能力，技术、战术水平和心理素质等各个方面；确定训练任务，包括从训练课直到全年或多年训练期望达到的目标和具体任务。

三、科学化运动训练的要素

（一）训练量

训练量是训练的主要组成部分之一，因为它是实现高水平技术、战术和身体素质的先决条件。训练量有时被错误地认为仅仅是指训练的持续时间，但实际上它包含以下部分：训练时间或持续训练的时间；行进的总距离或抗阻训练的总重量；运动员在规定时间内完成一项练习或技术动作的重复次数。

训练量的定义可以简单理解为：训练中完成活动的总量。训练量也可以被看作是一次训练课或一个训练阶段完成训练的总量。训练总量必须是量化的指标，具有可监控性。

训练量的准确计算依运动项目或活动类型而异。在耐力运动项目中确定训练量的单位是训练经过的距离；在举重或抗阻训练中，采用公斤或吨位制作为衡量训练量，这是因为仅考虑重复次数不能合理地评价运动员完成的训练任务。重复次数也可以用来推算运动中的训练量，如：快速伸缩复合式训练或棒球、田径等运动中的投掷动作。几乎所有的运动都会包含时间要素，但训练量的正确表达形式应该囊括时间和距离两个要素。

训练量的计算方法按照时间要素可以划分为以下两种：第一种是相对训练量，指一次训练课或训练阶段中一组运动员或运动队训练时间的总数。相对训练量不适用于计算单个运动员的训练量，因为无法得知单位时间内某一位运动员的训练量。另一种更好的衡量单个运动员训练量的方式是绝对训练量，它是指运动员个体在单位时间内完成训练任务的总量。

在运动员的职业生涯中，要不断增加训练量。随着运动员训练时间的增多，训练量的增加是运动员产生生理适应并提高运动成绩的前提。将初学者与高水平运动员进行比较后明显发现，高水平运动员能承受更大的训练量。随着时间的推移，训练量的增加对从事有氧运动、力量与功率项目、团队项目的运动员的发展具有重要的作用。同样，还需要增加技术和战术技能的训练，可为提高运动成绩需要进行大量的重复练习。

增加运动员训练量的方法有许多，以下是三种常见的有效方法：增加训练的密度（即训练的频率）；增加训练课中的负荷；增加训练的密度和负荷。

研究人员表明，只要不引起过度训练，在训练中尽可能多地增加训练次数非常重要。另一些研究人员明确表示，训练频率越高，越能产生更大的训练适应效果。增加每天训练课的次数同样有益于运动员的生理性适应。对于优秀运动员来说，每周进行6～12节训练课，每个训练日又包含多节训练小课是常见的。运动员的恢复能力是制定训练计划中运动量大小的主要决定因素。它决定了在训练计划中制定多少训练量。高水平运动员之所以能承受大的运动量，是因为他们能够更快地从训练负荷中恢复。

（二）训练强度

训练强度是对运动员完成高质量训练的另一个重要训练因素。可米（Komi）

将训练强度定义为与功率输出（即能量消耗或单位时间做的功）、对抗力量或发展速度有关的训练要素。根据这个定义，运动员在单位时间内做功越多，训练强度则越大。强度是神经肌肉激活的函数，训练强度越大需要更多的神经肌肉被激活。神经肌肉激活模式取决于以下四个要素：外部负荷、运动速度、疲劳程度及所从事的训练类型。另一个要考虑的因素是训练时的心理紧张程度。就训练的心理方面而言，哪怕是出现低水平的身体紧张，也会造成训练强度极大提高，从而导致注意力的分散和心理压力的产生。

训练强度的量化方式根据训练类型和运动项目而定。速度训练通常用米/秒、次/分或功率输出（瓦特）来进行量化评定。在抗阻训练中，训练强度一般以公斤为单位、克服重力每米举起的重量（千克/米）或功率输出（瓦特）来量化。在团队项目中，训练强度通常用平均心率、无氧阈心率或最大心率的百分比来进行量化评定。

在年度训练计划的各个不同阶段中应包括不同的训练强度，特别是在小周期阶段。可以采用多种方法来量化和确定训练强度。例如，抗阻练习或高速度练习的训练强度可用最佳运动成绩的百分比来量化。这种方法认为最佳成绩意味着最大运动强度。再比如，一名运动员在10秒内完成100米冲刺，其速度则是10米/秒。如果这名运动员能以更快的速度跑完更短的距离（如10.2米/秒），其训练强度则被认为是超最大强度，因为它已经超越了100%的最快速度。

高强度训练虽然能取得很大的进步，但产生的适应较不稳定。稳定性越低，越容易产生过度训练和运动成绩的稳定平台现象。相反，低强度的训练负荷会使进步缓慢且生理适应的刺激较小，但整个过程却更稳定。训练计划应该系统地改变训练量及训练强度以达到最佳生理适应。

训练强度可划分为两种类型：绝对训练强度，是指完成训练所需的最大百分比；相对训练强度，是用来量化一节训练课或一个小周期的训练强度，即训练期完成的训练量总及绝对训练强度。

（三）训练密度

训练密度是单位时间内运动员接受训练课的频率。训练密度可表现出单位时间内训练与恢复的关系。因此训练密度越大，训练阶段间的恢复时间就越少。随着训练密度的增加，运动员和教练员必须建立训练与休息的平衡，从而避免引起过度疲劳或力竭，因为这些都会导致过度训练。

量化多次训练课所需的最佳时间量非常困难，因为许多因素会影响运动员的恢复速度。在下一次训练课开始之前，本次训练课的训练强度和训练量对确定所需的时间量起主要作用。训练课的负荷（即训练强度和训练量）越大，所需的恢复时间就越长。此外，运动员的训练状况、实际年龄、使用的营养干预及恢复干预都会影响到运动员的恢复能力。在下一次训练开始之前，不需要从上一次中完全恢复，一般通过增加训练密度，并在训练日或小周期中运用不同负荷的训练课来促进恢复。

在耐力训练或间隔训练中，通常有两种安排“训练—休息”间隔的适宜方法：固定的训练—恢复比率；恢复的持续时间，能使心率恢复到预设的最大心率百分比。

1.固定的训练—恢复比率

部分研究人员在研究间隔训练时运用了这一方法，通过控制训练—休息的间隔，教练员和运动员能够制定出发展特定生物能量适应的训练计划。用1：1或2：1的训练—休息比率来发展耐力项目的特征，而把1：12或1：2的训练—休息比率来发展力量和功率性项目的特征。

2.预设心率

决定恢复期时间长短的另一种方法是，在下一次训练开始前确定必须达到的心率。方法一，为下一次训练的开始设定心率范围（120～130次/分）；方法二，设定恢复时间，即运动员的心率恢复到最大值的65%所需的时间。

计算出的百分比表示运动员有85%的时间在训练。相对密度虽然对运动员与教练员有一定的价值，但训练的绝对密度更加重要。绝对密度是运动员完成的有效训练与绝对训练量的比。绝对密度或有效训练可以用绝对训练量减去休息时间量来计算。

（四）复杂性

复杂性指一项技能的完善程度及生物力学难度。在训练时，技术越复杂就越会增加训练强度。与掌握基本技能相比。学习一项复杂的技能可能需要更多的训练，尤其当运动员神经肌肉协调性差或在学习技能的过程中精力不完全集中时。让之前没有复杂技术训练经历的一群人参加该项训练，可以迅速地分辨出哪些运动员表现好，哪些运动员表现差。因此，运动或技能越复杂，运动员的个体差异与力学效率差别就越大。

即使以前已经学会了的复杂技术，也会产生生理上的压力。例如，艾尼赛尔（Eniseler）对足球运动员的研究表明，完成战术训练比完成技术训练的心率和乳酸堆积要高。在该项研究中，训练课的技术部分集中在没有对手的情况下进行技术练习。而在战术训练中，对手的存在显著地增加了训练的复杂性，因此心率和乳酸堆积也会增加。此外，在进行模拟比赛时，也会出现上述反应，但只有在实际的比赛中才会产生最大心率及达到最高乳酸水平。鉴于此，教练员在技术复杂性较高的训练或活动中应考虑到不同训练课的生理压力。

（五）总体需求指数

训练量、训练强度、训练密度及复杂性都会影响训练中运动员的总需求。虽然这些因素相辅相成，但加强其中任何一种因素而其他因素不进行相应的调整，都可能增加运动员的需求。比如，在发展高强度耐力时，如果教练员想保持同样的运动强度，则应增加训练量。在增加训练量时，教练员必须考虑怎样增加训练量才会影响训练强度及训练强度必须减少多少。

训练计划和指导主要依赖于训练量、训练强度和训练密度三者的合理安排。教练员必须着重分析这些要素的变化曲线，尤其是训练量和训练强度。还应考虑到运动员的适应反应、训练阶段以及比赛的时间安排（赛程表）。训练要素的科学搭配可以让运动员在预计的时间达到最佳的训练效果，并获得最佳竞技能力。

训练量是实施训练计划成功与否的一个关键要素。身体、技术与战术训练的整合要进行大量的工作，这些工作是刺激生理性适应，提高运动能力所必需的。教练员必须针对运动员的特点设置个性化的训练负荷，因为每一位运动员对训练量、训练强度和训练密度的承受能力都不尽相同。

在过去的时间里，训练负荷不断增加。运动员在一天中要参加多次训练课，在一个小周期内训练的时间也逐渐增加。在运动员的运动生涯中，必须渐进地增加训练量、训练强度和训练密度。如果这些要素急剧增加将可能导致过度训练。因此，必须遵循区别对待原则和循序渐进原则。

为了确定训练计划的有效性，教练员一定要监测训练负荷和运动成绩测试的结果。教练员还要计算出训练课的密度或战术和技术训练中要练习的技术的复杂性在训练负荷中所占的比例。在许多运动项目中（如足球、英式橄榄球）监测心率是逐渐被普遍采用的有效方法，用监测到的心率来计算训练和比赛的强度。教练员要对增加训练量和训练强度的因素进行监测，并将它们与休息及恢复有机协调起来。教练员还应考虑促进身体恢复的方法和能量再生所需要的时间。

第三节　高校体育运动训练的内容与计划

一、体育运动训练的内容

（一）体能训练

1.力量素质训练

力量素质是指人体神经肌肉系统在工作时克服和对抗阻力的能力。力量是体能的构成要素，是决定运动成绩的基础性因素，与其他运动素质有着密切的关系。

大学生克服的阻力包括外部阻力和内部阻力。外部阻力如物体的重量、摩擦力以及空气阻力等。内部阻力是指肌肉的黏滞性、各肌肉间的对抗力等，主要来源于运动器官，如骨骼、肌肉、韧带、筋膜等组织的阻力。力量素质是获得运动技能、提高运动水平的必要条件，也是发展速度、速度耐力、灵敏性等素质的基础。

根据力量素质与运动专项的关系，可分为一般力量和专项力量；根据力量素质与大学生体重的关系，可分为绝对力量和相对力量；根据完成不同体育活动所需力量素质的不同特点，可分为最大力量、快速力量、力量耐力。

2.速度素质训练

速度素质是指人体快速运动的能力。它包括人体快速完成动作的能力和对外界信号刺激快速反应的能力，以及快速位移的能力。通常情况下，我们可以将速度素质分为三种，即反应速度、动作速度、移动速度。

3.耐力素质训练

耐力素质是指有机体坚持长时间运动的能力。耐力素质是大学生在比赛中能长时间保持高速度、高质量的竞技状态的基础。大学生在比赛的全过程中，要保持特定的运动强度或动作质量，就必须具有良好的耐力素质，就必须具备能在持续运动过程中不断积累和加深与疲劳作斗争的能力。

耐力素质的分类方法有很多种，其中，较为常见的有以下几种：以专项活动的关系为依据，可以将耐力素质分为一般耐力和专项耐力；以活动持续时间为依据，可以将耐力素质分为短时间耐力、中等时间耐力、长时间耐力；以肌肉工作的性质为依据，可以将耐力素质分为静力性耐力、动力性耐力；以氧代谢的特征为依据，可以将耐力素质分为有氧耐力、无氧耐力、有氧与无氧混合耐力。

4.灵敏素质训练

灵敏素质是指在各种突然变化的条件下，大学生能够迅速、准确、协调地改变身体运动的空间位置和运动方向，以适应变化着的外环境的能力。

衡量灵敏素质的标志是大学生在各种复杂变化的条件下能够迅速、准确、协调地做出应答动作。这就要求大学生必须具有良好的判断能力及反应速度，要求大学生随机完成的应答动作在空间、时间以及用力特征上组配协调。根据与专项的关系，灵敏素质可分为一般灵敏素质和专项灵敏素质。

5.柔韧素质训练

柔韧素质是指人体关节在不同方向上的运动能力以及肌肉、韧带等软组织的伸展能力。柔韧训练对发展大学生的肌肉、关节、韧带的灵活性、柔韧性、弹性，增大运动的幅度、提高动作难度有重要的作用，有利于掌握运动技术。同时，柔韧训练对避免大学生的运动创伤、发展其他运动素质也有着重要作用。

关于柔韧素质的分类，主要有两种，一种是将柔韧素质分为一般柔韧素质和专项柔韧素质，一种是将柔韧素质分为主动柔韧素质和被动柔韧素质。

发展柔韧素质的目的是提高髋关节的肌肉、肌腱、韧带等软组织的伸展性。柔韧素质的练习方法主要有主动性拉伸法和被动性拉伸法两种，这两种练习方法的特点，都是在“力”的拉伸作用下，有节奏地逐渐加大动作幅度或多次重复同一动作，使软组织逐渐地或持续地受到被拉长的刺激。

（二）心理能力训练

1.心理能力的定义

心理能力是指大学生与训练竞赛有关的个性心理特征，以及依训练竞赛的需要把握和调整心理过程的能力，是大学生竞技能力的重要组成部分。

2.心理能力训练的分类

（1）以训练内容与专项需要的关系为依据分类

根据心理训练内容与专项需要的关系，可将心理训练划分为一般心理训练和专项心理训练两大类。

一般心理训练——通过一般心理训练发展大学生普遍需要的心理品质，即适应于参加运动训练和竞技比赛的心理特征，以及健康、稳定的心理过程。

专项心理训练——通过专项心理训练，则集中发展从事艰苦的专项训练和成功地参加专项竞赛，特别是高水平竞赛所需要的个性心理特征以及特定的心理过程。

（2）以训练目标与训练及比赛的关系为依据分类

根据心理训练目标与训练和比赛的关系，可将心理训练分为赛期心理训练及日常心理训练（或称训练期心理训练）两大类。

日常心理训练：日常训练过程中的心理训练偏重于改善大学生的个性心理特征。应根据大学生年龄、训练年限以及所处训练阶段的不同，安排不同比例的一般与专项心理训练。基础训练阶段的少年选手，应以改善一般的个性心理特征为主，随着专项训练任务的加重，改善适应于专项特点的训练和竞技需要的个性心理特征的训练安排比重则逐渐加大。

赛期心理训练：依特定比赛的需要，所进行的有针对性的心理训练叫作赛期心理训练，包括赛前的心理准备、赛中的心理控制以及赛后的心理调整。赛前大学生的体能、技能及战术能力均相对较为稳定，而其心理活动却非常活跃。心理状态的变化常常会对大学生最终参赛的结果产生巨大的影响。因此在比赛之前，要激发大学生强烈的比赛动机，控制其适宜的激活水平，增强大学生的参赛信心，建立稳定而又灵活的参赛思维程序及参赛行为程序。赛中，比赛环境及其不断地变化，都会给大学生的情绪产生强烈的影响。因此，保持良好的稳定情绪则成为大学生充分发挥其体能、技能及战术能力水平的关键。

竞赛结束后的心理调节，同样是心理训练的重要组成部分。对于比赛的成功者，应充分肯定他们在比赛中积极的情绪体验，同时亦应注意消除由于胜利而掩盖了的比赛中消极的情绪体验，以及由于不能正确对待胜利而产生的自满、松懈等不良的情绪体验。对于比赛失败者，则需力求消除因失败而带来的消极情绪体验，并应寻找和发扬其在比赛过程中局部的积极的心理体验，以激发其再战求胜的强烈动机。

3.心理能力的重要作用

大学生的个性心理特征，在其从事竞技体育活动时起着重要的作用。一般而言，观察力敏锐的选手，善于在比赛中抓住战机；想象力丰富的选手更富于创造性；而能够高度集中注意力的选手则在训练和比赛中表现出坚韧不拔的精神。同样，大学生心理过程的特点也对其训练及竞赛都有着巨大的影响。

4.心理能力的训练方法

（1）模拟训练法

模拟训练是指模拟设置在未来比赛中可能出现的条件进行的训练。在模拟未来比赛的条件下进行心理训练（或包括心理训练在内的综合训练），即模拟心理训练。通过模拟训练，可使训练与比赛的实际尽可能接近，使大学生在近似比赛的条件下，锻炼和提高对未来比赛的适应能力，以及情绪控制能力等。

在模拟训练中，组织训练的主体，即高校体育教师或心理学专家，主要通过所制造的模拟条件对训练的客体，即大学生，实施心理训练和控制。模拟训练包括实景模拟训练和想象模拟训练。在模拟比赛的实际进程和条件的状况下进行训练即实景模拟训练。

运用模拟训练时应注意以下几点：

第一，为大学生参加比赛做好适应性训练的模拟训练，要对比赛的对手、环境、条件等各个方面进行详细的了解与分析，然后，根据分析研究的结果进行针对性训练，使训练尽可能地与将要面临的比赛实际相似。

第二，由于各运动项目不同，训练的“模拟点”亦不同，如在一对一的项目训练中，可选择比赛对手特点进行模拟的“实践”训练；在体操训练中可安排有裁判打分和观众喧闹场面的训练；在田径训练中可模拟比赛场地的训练等。

第三，模拟训练是提高大学生适应能力的训练，在于能使大学生中枢神经系统形成优势现象并建立合理的定型结构。但比赛是千变万化的，要尽量使大学生能应付各种变化的情况。

（2）意念训练法

意念训练是指大学生有意识地、积极地利用头脑中已经形成的运动表象或充分利用想象进行训练的方法。

意念训练对技战术训练作用显著，如在练习之前通过对技术要领方法的想象，在大脑皮层中留下技术“痕迹”，然后在练习中把这些痕迹激活，可使动作完成得更加正确、顺利。

运用意念训练法时应注意以下几点：

第一，意念训练可在暗室间里进行，最好在一个舒适地方坐着或躺着进行；第二，使大学生注意力高度集中，闭目练习常可收到良好效果；第三，使冥思练习与各种运动感觉结合起来，把头脑中的想象变成运动中机体的“活力”；第四，在进行冥思练习时，一定要产生一种思维运动效果，要有意识地发展思维。

（3）诱导训练法

诱导训练法是指在训练中采用有效刺激物把大学生的心理状态引导到某一个事物或方向上去的训练方法，可为顺利完成训练与比赛任务建立良好的心理状态。

与意念训练法相比，诱导训练法的不同之处在于，大学生训练时是通过高校体育教师、心理学专家等他人的诱导，或用录像带等外界刺激来完成的。意念训练法的诱导者是大学生自己，诱导训练的诱导者则是他人。

诱导的途径是多样的。诱导者常常发出语言信号，由大学生的听觉器官接收信息，并按预定要求去实施。鼓励与批评、说服与疏导、启发与幽默都是语言诱导的常用手段。

运用诱导训练法时应注意以下几点：

第一，所采用的诱导手段应是大学生感兴趣的，能引起大学生注意力转移的；第二，诱导者是高校体育教师、心理学家，也可是同伴，但均应是大学生愿意接受的；第三，应从诱导的目的、手段、信息传递方式及结果等多方面计划安排某一次诱导训练，切不可随意滥用。

（三）技战术能力训练

1.技术能力训练

（1）运动技术的定义

运动技术是完成体育动作的方法，是大学生竞技能力水平的重要决定因素。参加不同体育项目的活动，需完成不同的动作，即需要学习和掌握不同的技术。合理的、正确的运动技术须符合项目运动规则的要求，有利于大学生的生理、心理能力得到充分的发挥，有助于大学生取得好的竞技效果。

各个运动项目的各种动作，都有着符合人体运动力学基本原理的标准技术及规范的技术要求，但对每名大学生来说，又必须依据个体的生理学特点，选择和掌握具有个人特征的运动技术，才能更为有效地参与运动竞技。

（2）运动技术的特征

个体差异性：不论何种运动技术都必须符合科学原理，具有运动的规范性和公认的动作规格。然而，由于大学生在身体形态、运动素质等许多方面具有不同的个人特点。所以，运动技术还具有个体差异性，对每个具体的大学生来说，最合理的技术动作都不会完全相同，而有着鲜明的个体差异性。

不断发展的必然性：在任一特定时刻，运动技术的规范要求的合理性都是相对的和暂时的。随着大学生身心素质的不断提高和运动器械设备的不断改进，运动技术也在不断发展，即处于一种动态变化过程之中。这就是运动技术不断发展的必然性特点。

与体育动作的不可分割性，这是运动技术区别于其他技术的最显著的特征。运动技术只能通过大学生身体动作表现出来。因而，人们长期将运动技术又称为“技术动作”“动作技术”等。

相对稳定与即时应变的特性：运动技术应具备相对稳定的动作结构。在比赛中，应力求保持这种结构。同时，随着比赛环境及比赛对手的变化，有效的运动技术应能随这些变化而有所调整。

（3）技术能力的训练方法

直观训练法：直观训练法是指在技术训练中，借助大学生的各种感官器官，使大学生建立起对练习的表象，获得感性认识，帮助大学生正确思维、掌握和提高运动技术水平的一种常用的训练方法。

语言训练法：语言训练法是指在技术训练中，运用各种形式的语言，指导大学生学习和掌握技术动作的训练方法。其主要作用在于帮助大学生借助语言明确技术动作概念，纠正错误动作，提高技术水平。

分解训练法：分解训练法是指把完整技术动作按其基本环节，分成若干个相对独立的部分，使大学生分别进行练习的训练方法。

完整训练法：完整训练法是指大学生从技术动作的开始姿势到结束姿势，完整地进行练习，从而掌握技术的训练方法。

表象训练法：又称念动法。指大学生在头脑中对过去完成的正确技术动作的回忆与再现、唤起临场感觉的训练方法。通过多次动作表象，提高大学生的表象再现及表象记忆能力；可以使大学生的注意力集中于正确的技术要求，有利于提高心理稳定性，从而促对进技术的掌握。

想象训练法：想象训练法指在练习前，通过对技术要领的想象，在大脑皮层中留下技术“痕迹”，然后在练习中激活这些痕迹，使技术动作完成得更为顺利和正确的一种训练方法。此种方法在优秀大学生中运用得更为普遍。

加难与减难训练法：加难训练法是指在技术训练中，以高于专项要求的难度进行训练的方法。此种方法常在优秀大学生训练中使用。减难训练法是指在技术训练中，以低于专项要求的难度进行训练，此种方法常适用于技术初学阶段。

2.战术能力训练

（1）战术能力的定义

战术能力指大学生（队）掌握和运用战术的能力，是大学生（队）整体竞技能力水平的重要构成部分。

大学生（队）战术能力的强弱反映在其战术观念的先进性、个人战术意识及集体配合意识的强弱、战术理论知识的多少、所掌握的战术行动的质量和数量、运用战术的针对性和有效性等方面。不同竞技项目对大学生（队）战术能力的要求有所不同。技能主导类格斗对抗性项群、同场对抗性项群、隔网对抗性项群对大学生战术能力的要求最高。

（2）战术能力的训练方法

战术训练方法的采用应根据专项比赛的要求，应有利于发挥大学生的身体和技术特长，应能充分调动大学生的主动性和积极性。

分解训练法，是指把一个完整的战术组合过程划分为若干个相对独立的部分，然后分部分进行练习的方法。这种训练法常在学习一种新的战术配合形式时采用，其目的是让大学生掌握某种战术配合的基本步骤。

完整战术训练法，是指完整地进行战术组合练习的方法。这种方法常在大学生已具备一定的战术知识和战术能力后采用，其目的是使大学生能够流畅地完成整个战术组合过程。

模拟训练法：模拟训练法指在获得准确情报信息的基础上，通过与模仿重大比赛中主要对手的主要特征的陪练人员的对练，及通过在与比赛条件相似的环境中的练习，使大学生获得特殊战术能力的针对性极强的训练方法。

想象训练法：这是一种心理学训练方法。这种方法是在大学生大脑内部语言和套语的指导下进行战术表象回忆，能够帮助大学生在大脑中建立丰富而准确的战术运动表象。

虚拟现实训练法：虚拟现实训练法指运用高科技设备，将未来可能出现的比赛场景提前在电脑屏幕上“虚拟”出来，从而帮助大学生提高预见能力及在各种情况下灵活有效地运用战术能力的训练方法。

程序训练法：程序训练法是近年来从教学领域引进的一种训练法。在运用程序训练法进行制胜训练时，除应遵循由易到难、由简到繁、从固定到变异的一般性程序外，还应特别注意编制不同项群战术训练的特殊程序。

加难与减难训练法：加难训练法是指以高于比赛难度的要求进行训练的方法。减难训练法是指以低于比赛难度的要求进行训练的方法，这种方法常在战术训练的初始阶段采用。

实战训练法，是指在比赛中培养战术能力的方法。这种方法可使大学生对战术的理解更为直接、更为深刻。在参加重大比赛前，往往安排一些邀请赛或热身赛等，其目的之一就是演练将在重大比赛中使用的战术，以检验其有效性。

二、体育运动训练的计划

（一）运动训练计划的含义

训练计划是对未来的训练过程预先做出的理论设计。人类任何有准备的工作和行为在开始之前，都应对于该项工作的进行或行为的实施做一番思考，做出具体的安排。在工作进行实践之前的这种思考和安排都属于一种理论设计。运动训练计划，正是在训练过程开始之前，对其预先做出的一种理论设计。

训练计划是为实现训练目标而选择的状态转移通路。在比赛中创造优异的运动成绩是运动训练的终极目标，但其直接目标则是提高学生的竞技能力。而运动训练的过程就是学生竞技能力发展变化的过程。如果我们把事物的变化理解为某种状态的转移，同样可以把学生竞技能力的变化表达为学生竞技能力状态的转移，即由起始状态向目标状态转移。而训练计划正是实现这一状态转移的通路。

（二）训练计划的内容

运动训练计划的适用范围，主要指使用计划的具体对象（大学生个体或集体以及高校体育教师）。

大学生现实状态与前一训练过程计划完成的情况。这是指大学生的竞技能力指标在前一训练过程的最高水平和在制定某训练过程计划时的现实状态，以及上一训练过程的训练计划的完成情况，这是确定新的训练过程训练计划目标的基础。

新的训练计划里训练过程的各种训练计划目标。这是指多年远景目标、全年最高目标、阶段目标、参加各主要比赛的专项成绩指标，以及各个阶段的测验、考核和训练水平评定的分目标，也即各种竞技能力的具体指标等。

训练过程的比赛、训练安排，比赛的时间、规模、等级、次数及指标等。

各运动训练计划的时间阶段划分，以及各阶段的训练任务。

各运动训练过程中训练内容的安排与相应的训练方法、手段选择。

各运动训练过程负荷的动态变化趋势和各运动训练手段的负荷要求与量度，这包括负荷量、强度和总负荷节奏、外部负荷的具体功率指标等。

每个训练过程训练程度的监测内容、时间及标准。

各训练过程的恢复措施和医务监督措施，比如恢复手段的选择及时间安排等。

运动训练计划的有关说明。如训练、比赛、思想教育等方面的特殊要求；战术指导思想、某些练习的形式与负荷要求；纠正错误的要点；训练器材、测定和测验用仪器；训练和比赛的组织与准备工作要点等，还有其他计划表格中不能确切表示的内容。

（三）运动训练计划的制定

1.多年训练计划的制定

多年训练计划主要内容为准备性部分和指导性部分。准备性部分包括大学生基础情况分析和训练目标；指导性部分包括阶段划分、各阶段任务、训练内容安排和训练指标确定。

（1）准备性部分

大学生基础情况分析：对大学生基础情况进行分析可以为具体多年训练计划的制定提供必需的信息和依据。由于大学生在形态、机能、素质及心理品质等各方面存在差异性，所以在制定训练计划时，必须以大学生发展程度、健康状况、竞技能力、运动成绩等实际情况为依据，使运动训练的安排既能被大学生接受，又足以导致运动竞技能力发生明显的变化。另外，通过对大学生基础情况的分析，还可以确定大学生的特长，从而提出进一步发展专项的方向。

多年训练计划的训练目标：运动训练计划的训练目标是一个多层次、多指标、多阶段的系统。一般来说，专项训练的总目标，各阶段的专项成绩指标与专项相关的竞技能力指标是一个完整的训练目标包括的内容。确定大学生多年训练的总目标应根据项目特点，竞赛任务和分析大学生现实状态、竞技潜力、未来所能提供的训练条件等因素。当然，也可以采用一些数理统计方法建立训练目标的预测公式进行预测。

（2）指导性部分

阶段划分：依据竞技状态的形成与发展、长期训练适应性的形成与发展规律，以及大学生生理、心理发育的自然规律等，可以确定多年运动训练计划的阶段划分。

训练内容安排：在多年运动训练计划中，各阶段的一般身体训练、专项身体训练和技术训练的安排比例，主要取决于大学生的训练水平。随着大学生训练水平的提高，一般身体素质与专项成绩的相关性也随之降低。在制定计划时，各阶段的一般身体训练的比例应该逐渐减少，而专项身体训练和技术训练的比例随之提高。

训练指标确定：多年运动训练计划的各阶段训练指标是以整个训练过程最终的运动成绩指标和竞技能力指标为依据的，并要结合不同阶段的训练任务而制定。各阶段训练指标应采用开始幅度较小的渐进式提高，到专项训练阶段时，训练指标提高加快，出现成绩的突变式上升，在高级训练阶段达到最高水平。

2.年度训练计划的制定

制定年度训练计划，是从事系统训练活动的高校体育教师和大学生不可缺少的一项重要工作，体育工作者通常以年度训练作为组织系统运动训练过程的基本单位。

（1）年度训练的任务

年度训练任务可以计划本年度提高运动成绩的幅度，同时还要计划达到田径副项多项的运动成绩，以及身体素质训练指标，学习和改进技术，提高理论知识、心理训练等指标。年度的训练任务和各项成绩指标的确定是在多年训练的阶段任务和对上一年度基本情况的总结与评价基础上进行的，并且以大学生发展的可能及其训练指标的现有水平为根据。

（2）年度训练中的周期安排

年度训练的周期：年度训练的周期通常有单周期（包括单周期双高峰）、双周期和多周期等不同类型，不同结构类型有不同的总体规划、比赛系列和训练安排，分别适用于不同的运动专项。

（3）年度训练计划的训练内容、手段和方法

训练内容、手段和方法必须根据训练任务、专项特点、个人具体情况来选择。训练内容根据专项需求来定，主要包括技术训练、战术训练、身体训练、心理训练、理论学习等。训练方法主要有重复法、循环法、间歇法、测验比赛法等。

3.课训练计划的制定

训练课是大学生训练活动最基本的组织形式，高校体育教师制定的任何计划都需要通过训练课组织实施，而大学生的竞技能力也要通过训练课来一步步提高。因此，课训练计划极为重要，其质量直接关系到训练过程的进行及运动水平的提高。

第四节　专项身体素质理论及训练方法

一、专项特征概述

（一）专项特征定义与构成

专项特征是指一个运动项目在比赛规则的允许下，以获得最大的运动效率为目标，在力学、生物学等方面表现出的主要运动特点。

通常专项特征可以分为技战术、体能、心理和环境等方面，每一个方面又由不同的因素构成。从训练学的角度分析，竞技运动项目的特征包括三个不同的层次：一般特征、项群特征和专项特征。三个不同层次的项目特征在范围上并没有质的区别，其主要差别在于对项目特征解释和描述的程度上。

（二）专项特征的确定

由于各运动项目的性质可以从各个不同的方面和角度去确定，而且一个项目的性质以不同的标准确定可以有多重性。但其特征的确定则要找出区别于其他项目的特别显著的标志。在训练中确定运动项目特征通常有四个方面。

1.各运动项目比赛规则规定取胜的主要因素

以竞技体操为例，我国体操界广大高校体育教师、科研人员、大学生通过多年的探索，多数认为竞技体操项目的显著特征是“难、新、美、稳”，这是竞技体操比赛规则规定的取胜的主要因素。

2.运动项目的主要供能系统

在体能类项目中，经常以主要供能系统确定项目的特征。例如田径100米跑主要特征是三磷酸腺苷（ATP）供能，因此在训练中提高大学生的无氧代谢能力，发展速度是最为重要的。

3.运动项目的技术结构和主要环节

任何一个运动项目的动作技术都有其特殊性，具有不同的技术结构和主要环节。动作技术的结构主要指动作是由哪些部分构成的，动作技术的主要环节是在构成动作技术的若干部分中，对完成动作、决定成绩最具影响的部分。

例如，田径运动里的跳跃项目，无论是跳高还是跳远，动作技术主要是由助跑、踏跳、空中姿势和落地四个部分构成的。其中踏跳与助跑的速度，起跳的支撑时间、角度、力量等密切相关，对整个技术动作的完成和运动成绩的提高影响最大。

4.运动项目对运动素质的特殊要求

在举重项目中，若仅仅依照运动素质的特殊要求来确定其是力量性项目，这并非十分严谨。因为从比赛动作抓举和挺举两项来说，它需要的力量是全身协调用力的速度性力量，或称爆发力量，而不是单纯的最大力量，这也是该项目比赛动作技术对运动素质的特殊要求。因此准确地说，举重项目的特征，其实是全身协调用力的速度力量性项目。

例如田径里的投掷项目，以远度确定成绩。远度主要决定于比赛器械出手的初速度，而各器械项目的器械重量又是恒定的，也就是说克服的阻力是没有变化的。所以投掷的远度并非主要取决于力量的大小，而主要取决于出手的初速度。

（三）专项特征研究的发展趋势

对专项特征的认识是一个逐步深入的过程，它不仅取决于高校体育教师自身的认识能力，而且在相当大的程度上依赖着科学技术和研究方法的发展。新理论的出现可以为项目特征的认识开辟新的视角，新技术和新方法的问世能够促进认识程度更加深入。当前，在专项特征的认识上出现了以下几方面的发展动向和趋势。

1. 由宏观向微观的发展

从运动训练的角度分析，任何一个运动项目的特征都有一般与专项、宏观与微观之分。宏观的项目特征是从一般或项群共性的角度把握训练的方向，微观的项目特征则是从一个专项的角度指导大学生的训练。如果我们错误地将一般或项群的项目特征视为本项目的专项运动特征，就不能准确地给运动项目定位，对项目的了解始终处于模糊的水平，甚至会失去训练的方向。

诚然，任何一个事物的发展都需要宏观和微观的指导。宏观的理论可以使我们透过复杂多变的因素把握发展的方向；微观的认识可以使我们对具体的方法和措施进行调整和操作。从竞技训练的角度分析，运动训练的整体发展或某一类项目的发展确实需要宏观理论的指导。但是，对于一个具体运动项目的训练来说，迫切需要的是对项目的运动特征和训练规律进行微观、具体和有针对性的了解和认识，从众多细节中提取出专项的特征，只有这样才能够真正为专项的训练提供有价值的信息，促进专项运动水平的迅速提高。今天，我们探寻项目的运动特点绝对不能仅局限在是“技术类”还是“体能类”项目的层次，也不能止步于“快速力量”“动作速度”或“有氧耐力”的程度，而应该继续深入对技术、体能和心理等主要因素的全面、深入和细致地了解其水平。

近年来，世界竞技运动水平的快速发展，与人们对项目运动特征的深入了解密切相关，对项目运动特征从宏观向微观的认识已经成为一个明显的发展趋势。许多新的研究成果使我们对项目的了解和认识出现了质的飞跃，对专项特征的把握已经由传统的定性了解向科学的定量认识转变。

专项特征绝不能只停留在宏观的认识程度，而应该深入专项之中，从多个角度和层面解析专项的特点，提炼出能够反映专项运动本质的规律，这样才可以准确把握专项训练的脉络，提高训练效率。

2. 由外在到内在的发展

对项目特征的认识不能仅停留在专项运动的外在形式上，而必须深入神经与肌肉的内在运动水平。运动项目的表面外在特征只能反映运动的结果，而造成这种结果的原因，主要在于机体的运动系统和能量供应系统，肌肉在神经支配下的收缩以及在收缩过程中对能量的需求是决定运动结果的关键因素。在运动训练中，只有深入了解神经肌肉系统的工作情况，才可能选择正确和有效的训练方法，只有充分掌握运动过程中能量代谢系统的运转规律，才能够制定出符合专项特点的训练负荷。

对内在专项特征细节的了解和掌握，有助于提高运动训练的针对性和有效性；了解不同肌肉在专项运动中的参与程度和工作方式，可以帮助人们制定出有针对性的力量训练计划；掌握不同供能系统对专项运动的不同支持作用以及它们之间的关系，可以提高耐力训练的效率；对不同供能系统恢复特点的了解，能够帮助高校体育教师把握和控制训练的负荷。

对专项内在特征的深入认识，是提高专项训练效率的重要条件，与外在运动形式不同，专项内在特征的把握是从神经—肌肉的工作方式和用力程度的层面上解决训练的专项化问题。因此，对专项内在特征的认识程度在很大程度上代表着竞技运动训练的科学化水平。

3. 由静态到动态的发展

专项运动的时间或距离是专项的一个重要特征，它从总体上反映了专项的运动特点，是大学生和高校体育教师制定训练计划的主要依据。但是，时间和距离等指标是对专项特征的总体描述，是专项运动的结果。从运动分析的角度来看，结果并不等同于过程，结果是过程的集合和终点，过程是动态可变的。在运动的过程中，无论是外在的速度、角度和节奏，还是内在的肌肉收缩和能量供应，都随着运动时间的持续而变化，所以，与结果相比运动过程包含的信息量更加全面，反映的问题更加深入。因此，对专项特征的理解和认识，应该更加重视运动的过程，从过程的动态变化中深入和详细地了解项目的“运动”特征。

专项特征动态描述的另一个作用，体现在对专项运动技术过程的全面了解。以往对专项技术特征的描述往往忽视了体能的存在，主要是对专项主要技术环节的运动学或动力学标准特征的分析。然而，这种标准的“最佳技术模式”并不能全面和真实地涵盖整个专项运动过程中技术的变化。对于几乎所有的运动项目来说，大学生都不可能始终以同样的技术动作完成比赛，随着大学生体力的消耗，运动技术必然发生改变，这种改变在很大程度上反映了专项能力的水平。

从整体上来看，负荷时间和强度是各个竞技运动项目都具有的共性，在比赛距离或时间相对固定的情况下，取胜的关键主要集中在速度和速度的保持能力上。在这个过程中，大学生的机能能力势必影响到专项技术的发挥，体能与技术之间的相互影响和作用始终贯穿于整个专项比赛的过程之中，技术与体能的这一互动关系在很大程度上同样应归属于专项技术特征的范畴。

二、专项身体素质训练方法

（一）专项力量

专项力量是指在大学生比赛动作技术和战术所要求的时空条件下，人体参与运动的肌肉或肌群收缩克服阻力的能力。专项力量训练的目的就是通过专门的肌肉力量训练，使大学生相关的神经肌肉系统引起专项化的适应和提高。

神经肌肉系统可以通过神经和肌肉两条途径来适应训练。根据训练计划的特征，发展肌肉力量时，爆发力将会因不适应其他力量的特征而导致下降。比如，用完成很慢的大负荷抗阻力练习来提高大学生的最大力量时，就可能导致肌肉快速力量和快速收缩能力的下降。因此，首先要确定目标运动的专项化神经肌肉特征，再去安排用以提高专项力量的各种抗阻力练习。

神经肌肉系统引起的适应，以及由此在运动中产生的提高，与所运用的抗阻力练习类型密切相关。这种训练的专项性涉及练习的各个特征。它们包括：练习所动用的肌肉群、动作的结构、关节运动的范围、肌肉收缩的类型与速度、力量训练的专项适应性，要求必须确定目标活动的专项需求。对专项需求的完整分析应该包括：参与工作的肌群、收缩类型、动作速度、“拉长—缩短周期”运动的要求、克服或移动的负荷、动作的持续时间、保持高能量输出方面的要求、能够提供的间歇周期和受伤的可能性等。

1.体能主导类快速力量性项群

体能主导类快速力量性项群包括跳跃、投掷和举重项目。快速力量的训练在本项群训练中有着特别突出的地位。跳跃项目中快速起跳能力的培养，投掷项目中器械出手速度的训练，举重项目迅速发力上挺能力的训练，都在本项群训练中日益引起高度重视。

例如掷铁饼的快速力量训练，通常采用的练习方法包括：负重模仿、掷轻饼、掷重饼、原地掷标准饼等。采用负重模仿练习包括下列手段：原地挥片，着重发展腿、髋、躯干和肩带的多环节专门力量；仰卧挥片，发展腹部、躯干和肩带的专门力量，建立正确的用力顺序；杠铃抡摆，发展下肢、特别是躯干的转动力量；双手抛掷铃片，发展腿、髋和躯干的专门力量，培养投掷用力意识；肩负杠铃杆原地旋转一周，发展左、右腿的专门力量，提高进行旋转动作的身体平衡能力。

2.体能主导类速度性项群

体能主导类速度性项群包括短跑、短距离游泳等项目。例如：100米跑、200米跑、50米自由泳、100米自由泳与100米跨栏等。

短跑大学生专项力量训练：该项目的力量是一种动力性力量，根据用力的性质，动力性力量又可分为重量性力量和速度性力量。短跑运动里的肌肉活动，既表现为重量性力量又表现为速度性力量，只不过在短跑运动中，肌肉的收缩速度更明显、更重要。因此，我们把短跑大学生的用力称之为速度性力量。

短跑大学生的力量训练必须和技术相结合，才能使力量训练达到最佳的效果，因为力量训练最终是为学习技术提高运动成绩而服务的。可是怎样使二者结合起来呢？简言之，围绕着技术结构的特点进行力量训练。例如，先进的短跑技术要求落地时小腿和踝关节要做积极后扒动作。假若小腿和踝关节的力量差，就不容易做出此动作。为此在训练中就要加强对小腿和踝关节的力量训练。

练习方法有以下几种：负重做快速的小步跑。要求：落地时小腿和脚做积极的后扒动作，并保持高重心；负重做高摆扒地的技术。要求：大腿高抬，而后并积极下压踮膝放松，小腿自然前伸，落地时积极后扒；弹性踮步走和弹性踮步跳。要求：脚掌着地过渡到足尖有弹性地走或跳；沙坑或木屑跑道上做各种弹性跳，要求：踝关节充分用力落地要有弹性（单足跳、跨步跳和原地双脚跳）；负重（杠铃或沙袋）的原地双脚跳起。要求：脚跟不落地、落地后立即反弹跳起；跳深（40厘米高）要求：足尖着地，落地后立即反弹跳起。

后蹬技术是跑的主要技术，是跑的动力的主要来源阶段，所以加强后蹬的力量训练也是提高运动成绩的关键。

游泳的专项力量训练：进行游泳大学生力量训练，力量练习手段选用必须与游泳技术动作结构和完成动作的主要工作肌肉群用力形式相似，才能获得最佳的训练效果。游泳大学生的陆上和水上力量练习应该结合起来，陆上练习的持续时间应与水上比赛项目所需时间相同，这样才有利于将陆上发展的力量转化为水中的力量。

3.技能主导类表现难美性项群

技能主导类表现难美性项群包括跳水、体操、艺术体操、健美操、花样滑冰、花样游泳和技巧、武术等竞技运动项目。

例如，竞技健美操的专项力量训练。力量素质是竞技健美操比赛取得好成绩的关键，一切高难度动作的完成都必须以力量素质做保障。没有力量就没有难度动作，更没有高难的创新动作。根据竞技健美操竞赛规则的要求，大学生在比赛中必须完成一些特定的、不同类型的难度动作、托举、配合动作和具有健美操特色的操作动作及基本步伐。竞技健美操大学生所需的力量素质主要有：相对力量、快速力量、力量耐力、静力性力量。

4.技能主导类对抗性项群

隔网抗性项群包括乒乓球、羽毛球、网球、排球等项目。专项力量素质是该项群大学生对抗能力、速度，以及运动技术动作的掌握与完善的基础和保证。所以，要求大学生必须进行全面的专项力量训练。

例如，乒乓球大学生的专项力量训练，应以动力性力量和相对力量为主。因为乒乓球所有动作，均属动力性力量，使用的相对力量、快速力量较多。因此，在专项训练中必须结合乒乓球技术特点，采用负荷量较轻，速度快的动力性力量训练，以发展大学生的动力性力量和相对力量。

5.战能类同场对抗性项群

战能主导类同场对抗性项群主要包括足球、篮球、手球、曲棍球、冰球和水球6个项目。

例如：篮球大学生专项力量训练。现代篮球比赛异常激烈，身体对抗更加凶狠，高水平比赛里大学生之间所发生的身体碰撞频繁。在比赛中占据主动，最终获得比赛的胜利，不仅要具有很好的技战术能力，而且力量的强弱同样是比赛胜负的重要因素之一。良好的力量素质是取得优异运动成绩的基础，而科学的训练方法是获得和提高力量素质的保证。

篮球专项力量训练是指在全面发展力量素质的基础上着重提高与篮球专项技术特点相一致的力量素质的训练，练习的动作结构、方式要与篮球技术的结构相似。

（二）专项速度

专项速度训练的目的，就是针对不同的专项，通过专门的反应速度训练、动作速度训练、位移速度训练，使大学生相关的神经肌肉系统引起专项化的适应和提高。

依据项群理论，我们以运动项目所需运动能力的主导因素，对竞技项目首先分为体能主导类、技能主导类、技心能主导类、技战能主导类四大类。继而以各项体能或技能的主要表现形式或特征作为二级分类标准，把体能主导类项目分为快速力量、速度性及耐力性三个亚类；把技能主导类项目分为表现难美性；技心能主导类为表现准确性；技战能主导类则分成同场对抗性、隔网对抗性、格斗对抗性及轮换攻防对抗性四个亚类。

1.体能主导类

（1）体能主导类快速力量性项群专项速度训练

如跳跃、投掷、举重。该类项目对专项速度的要求主要表现为专项动作速度和专项位移速度。以跳高为例，对其专项速度的训练，主要围绕提高大学生动作速度和位移速度进行。由于大脑皮质神经过程的灵活性是实现高频率动作的重要因素。因此，做高频率的动作的重复练习有助于其发展。例如，跳深、连续跨步跳、原地跳、沙坑跳、跳绳、短距离极限跳、立定三级跳、连续单足跳等。

（2）体能主导类速度性项群专项速度训练

该训练包括100米跑、100米游泳、500米自行车等。这类项目对专项速度的要求主要表现为专项反应速度、专项动作速度、专项位移速度三种速度的有机整合。以100米跑为例，提高反应时的练习。由于反射弧与反应时关系最密切的是感受器的敏感程度、中枢延搁和效应器的兴奋性，因此，通过反复发出各种信号刺激让练习者迅速做出反应的信号刺激法练习，是实现缩短反应时的重要手段。如反复进行听起跑口令或枪声进行起跑练习。此外，还应完善起跑技术，提高动作速率的训练。高频率的动作的重复练习有助于其发展肌组织的兴奋性，如快速小步跑、快速高抬腿；还可以借助牵引跑、跑台、顺风跑等借助外力提高动作频率的练习。发展磷酸原系统供能的能力。多次重复20～60米的快跑、行进间20～60米快跑、追逐跑等。提高肌肉的放松能力。用最大速度跑，来避免肌肉过分紧张。发展力量和柔韧性，如持哑铃重复摆臂练习、负重跑、阻力跑等。

（3）体能主导类耐力项群专项速度训练

它包括中长距离及超长距离的走、跑、骑、游、滑、划所有的项目。这类项目是以速度耐力为主导的项目，对专项速度的要求主要表现为专项位移速度。以1500米跑为例，借助牵引跑、跑台、顺风跑等借助外力提高动作频率的练习的基础上进行持续训练，即在一定的速度基础上进行持续1分钟左右的练习。以通过提高乳酸能供能能力来解决位移速度尤其是最后400米冲刺的能力。提高肌肉的放松能力。在长距离的跑动过程中，注意脚步与呼吸的节奏，摆臂放松，以避免过分紧张。肌肉的放松能力好坏对保持高速度起着重要作用。

2.技能主导类专项速度训练

例如体操、艺术体操、技巧、跳水等。这类项目对专项速度的要求主要表现为专项动作速度。以跳水为例，主要采用高频率动作的重复练习，有助于其专项速度的发展。快速练习：如计时俯卧撑；纵跳转体练习：原地跳起转360°或720°练习，连续进行10～20次，要求转体要快速，连续2～3组；快速翻转练习：连续踺子接小翻、连续快速侧手翻；快速哑铃练习：持1千克重轻哑铃，做快速头上双臂屈伸；减少阻力法，可以利用一些增加助力的方法来减轻大学生体重，提高大学生的动作速度，目的是提高大学生高速运动的感觉能力，以帮助大学生提高完成某一技术环节的动作速度。提高速度力量是提高动作速度的重要基础。如计时快速推倒立、臂屈、俯卧撑；计时快速完成两头起、背屈伸；计时快速引体向上练习；规定距离的快速爬倒立练习等。

3.技心能主导类专项速度训练

例如移动靶射击、飞碟多向射击等。这类项目对专项速度的要求主要表现为专项反应速度、专项动作速度。以飞碟多向射击为例，提高反应时的练习。可采用信号刺激法，通过反复发出信号刺激，让练习者迅速做出反应，是实现缩短反应时的重要手段。通过碟靶反复从碟沟中飞出，大学生及时判定飞行的方向，同时，身体及时、平稳地向碟靶的方向起动，去捕捉目标。提高动作速率的训练，通过反复的飞碟射击的练习，使身体在判定飞碟飞行方向及角度后，在极短的时间内，使准星快速地捕捉到飞碟，即时扣动扳机，完成击发。

（三）专项耐力

人体的运动能力不可避免会受到自身形态结构、心理因素以及环境条件的限制。要想在比赛中取得优异的运动成绩，大学生就必须在生理机能、技术水平和心理素质几个方面获得最大的发展。在探讨训练机理之前，首先要明确影响专项耐力成绩的关键因素，在此基础上才能更好地探索合适而有效的训练方法。

1.体能主导类快速力量性项群

此类项目对于专项耐力的要求主要表现为以最大强度重复完成完整比赛动作的能力。例如田赛项目、举重等。

训练方法：重复训练法，这是以多次重复完成比赛动作或接近比赛要求的专项练习为主的训练方法。例如在举重项目中，我们可以规定某一运动负荷，然后让大学生在此负荷下以标准动作尽可能多地重复完成，直至力竭。在跳高耐力训练中，要求大学生在某一高度持续完整地完成跳跃练习。

2.体能主导类速度性项群

此类项目对于专项耐力的要求是大学生尽可能地在最短的时间内通过全程。例如1000米跑、200米跑、50米自由泳、100米自由泳与100米栏等项目。

间歇训练法：根据项目的特点以及时间的要求，安排在一定的时间内，重复若干组，组间有间歇休息时间，放慢节奏和速度。

变速训练法：长短段落变速跑，分为多种训练方式，例如，快慢结合跑，200米快+200米慢+150米快+150米慢+100米快+100米慢+100米冲刺跑，这样可以增强对比赛中速度和耐力的意识，体会如何在疲劳状态下进行高速运动。

追逐性训练：例如，让大学生排成一路纵队快跑前进，队尾最后一人急速追赶跑向队首，然后队尾的队员再连续地跑向队首。

上下坡往返跑，下坡时候快跑，上坡时候慢跑等。

3.体能主导类耐力性项群

此类项目对于专项耐力的要求是用尽可能快的平均速度通过全程。例如800米以上径赛项目、公路自行车、铁人三项等项目。

持续训练法：这是一种负荷强度较低、负荷时间较长、练习过程并不中断的练习方法。持续训练法是为重点发展有氧代谢水平而提出的。该方法十分强调一次负荷运动的持续时间较长，强度适中，心率负荷指标应在每分钟130~160次。例如在铁人三项运动中，为了发展大学生的有氧耐力，如果大学生要在10.5小时内完成铁人三项比赛，每周至少要进行11公里的游泳、320公里的自行车和65公里的跑步训练来加强体能。

高原训练法：此方法是在高原上进行耐力训练的一种训练手段。我国在青海多巴和宁夏西吉等多地建立了中度高原训练基地，并把高原训练作为大赛前的重要训练手段，取得了显著的训练效果。中度高原空气密度只有海拔平面的77%，氧含量只有平原地区的3/4左右，氧分压大于平原地区的20%~25%。当大学生在这样的环境下进行训练时，由于“调节适应期”产生应激，呼吸频率和心率加快，溶解在血管里的部分氧气受低气压的影响不易被身体吸收，使得血管体积增大、血管扩张、血管壁增厚、血管变粗、通过的血量增多，从而更好地锻炼了心血管系统，提高了最大摄氧量和血色素浓度，增强了耐受乳酸的能力。

4.技能主导类表现难美性项群

此类项目对于专项耐力的要求是以最佳技术重复完成完整比赛动作的能力。例如体操、艺术体操、跳水、花样滑冰、花样游泳等项目。

完整练习重复法：包括规定练习动作套数的重复法和规定练习时间的重复法。规定练习动作套数的方法是指让大学生尽量以比较规格的动作质量完成某一数量的动作套数。而规定练习时间的重复法是指让大学生在规定的时间内尽量以比赛规格的动作质量进行专项动作的练习。例如在体操的训练中可规定大学生一次性完成5～15遍整套动作练习或规定在一定的时间内持续地进行某一套专项动作的练习。

分段练习重复法：是指对于整套动作中的某一技术环节的多次重复练习，例如体操训练中原地连续侧空翻、前空翻、连续趋步腱子、腱子小翻等。

间歇训练法：20世纪50年代，德国心脏学家赖因德尔和教员倍施勒提出间歇训练理论，认为训练时心率达170～180次/分钟，间歇后心率达100～125次/分钟时再进行训练，此种训练方法主要发展的是磷酸原供能系统。例如在跳水训练中，一次高空跳水结束后，规定此大学生在某一较短时间内立即进行下一次的跳水练习。又如在体操训练中，完成一套体操动作后，稍作休息再接着进行下一套体操动作的练习，在两次练习之间严格对时间进行控制。

5.技能主导类对抗性项群

此类项目对于专项耐力的要求是能在整个比赛过程中持续表现出最佳的技能和体能。例如羽毛球、乒乓球、网球、击剑、摔跤及散打等以个人为主的运动项目。

超量比赛法：这是指超过正式比赛时间或局数的训练方法。例如，排球可以打7局4胜，羽毛球可以打5局3胜，散打训练比赛持续4分钟以上（正式比赛3分钟一局）。

单个动作多次重复法：这是指对有整套动作中的某一技术环节的多次重复练习。例如在乒乓球训练中教练规定在一定的时间内尽可能完成多次比赛规格的持拍挥臂动作，又如在拳击训练中要求快速完成几百次甚至上千次出拳，直至力竭。

6.战能主导类同场对抗性项群

此类项目对于专项耐力的要求是能在比赛的整个过程中持续表现出最佳的战术意识、技能和体能。例如篮球、足球、水球及冰球等团体性运动项目。

超量比赛法：这是指超过正式比赛时间或局数的训练方法。例如我们在足球训练中，90分钟的足球比赛，可以打120分钟或更长的时间。正式篮球比赛要打4节，可以在训练中打6节甚至更多节数。

高原训练法：这些长时间的运动项目对有氧耐力的要求特别高，高原训练法是发展有氧耐力的特别有效的方法之一。近些年，我国采用赛前高原训练的方法，在某些项目中已取得了一定的训练效果。例如我们可以在高原环境中进行足球队的训练，发展大学生的心肺功能与机体在低氧环境中的耐受力。

持续训练法：这是一种负荷强度较低、负荷时间较长、练习过程并不中断的练习方法。持续训练法是根据重点发展有氧代谢水平而提出的。该法十分强调一次负荷运动的持续时间应该长于其他方法一次负荷运动的持续时间，强度适中，心率负荷指标应在每分钟130～160次。

间歇训练法：间歇训练法和折返跑也是训练篮球和足球大学生专项耐力的很好的方式。

（四）专项柔韧

从物理学的角度来看，柔韧素质是指物体在受力变形后，不易折断的性质。从解剖学的角度来分析，柔韧素质是指人体关节活动幅度的大小以及跨过关节的韧带、肌腱、肌肉、皮肤以及其他组织的弹性和伸展能力。它包括两个方面的含义：一个是关节活动幅度的大小，另一个是跨过关节的肌肉、肌腱、韧带等软组织的伸展性。关节的活动幅度主要取决于关节本身的解剖结构，跨过关节的肌肉、肌腱、韧带等软组织的伸展性，则主要通过先天遗传和后天训练获得。

因此，我们认为，柔韧素质就是人体通过先天遗传和后天训练获得的关节活动幅度的大小，以及关节周围软组织的伸展能力。

柔韧素质可以分为一般性柔韧和专门性柔韧两种。一般性柔韧通常指大学生在进行一般训练时，为适应和保证一般训练顺利进行所需要的柔韧素质。例如，球类大学生在速度练习时加大步幅所需要的腿部柔韧性；田径大学生负杠铃进行深蹲练习时需要的大腿后群肌肉所表现出来的柔韧性等。专门性柔韧是专项运动技术所特需的柔韧性（专项柔韧）。例如，体操大学生为完成各种器械练习时所需要的肩、髋、腰、腿等部位的大幅度活动，游泳大学生在比赛中需要肩、腰的大幅度活动等。专门性柔韧是建立在一般性柔韧基础上的。一般来说，由于柔韧性质极少有选择性，因此，同一身体部位所具备的柔韧性在各种不同的运动项目中都可以表现出来，只是幅度大小不同而已。

专项柔韧的训练，不同的项目有其不同的训练方法，但在同一运动项群中，柔韧素质的训练方法有值得借鉴的地方，现按不同运动项群介绍其中每一运动项目专项柔韧训练方法。

1.技能主导类表现难美性项群

此类项目对于专项柔韧的要求是，大学生以最佳的技术富有美感地完成完整的比赛动作并减少损伤可能的能力。例如：体操、花样滑冰、艺术体操、跳水、花样游泳等项目。以体操为例，发展大学生柔韧素质的方法有两种，即被动和主动，也称消极和积极。被动柔韧练习是指依靠外力的作用促使关节灵活性增大，这一方法可使柔韧指标迅速提高，但与实际应用有一定的距离，大学生承受的痛苦较大。主动柔韧练习是指通过与某关节有关肌肉收缩来增加关节灵活性的方法。这一方法与专项动作的表现形式相一致，易于体现在体操动作之中，但要想在原有的基础上进一步提高比较困难。由于这两种方法各有利弊，在体操训练中多结合使用。

2.技能主导类隔网对抗性项群

此类项目对于专项柔韧的要求是能在整个比赛过程中完整地完成每个技术动作，增加动作的幅度，避免受伤。如羽毛球、乒乓球、网球等以个人为主的运动项目。

现以乒乓球为例，试作说明。乒乓球运动的柔韧素质主要表现为动力柔韧性，即肌肉、肌腱、韧带根据动力性技术的需要，拉伸到解剖学允许的最大限度能力，随即利用强有力的弹性回缩力来完成所要完成的动作。所有爆发力拉伸都属于动力柔韧。静力柔韧性是肌肉、肌腱、韧带根据静力性技术动作的需要，拉伸到动作所需要的位置角度，控制其停留一定时间所表现出来的能力。

柔韧素质的训练方法有两种，即主动或被动形式的静力拉伸法和主动或被动形式的动力拉伸法。这两种训练方法的特点都是在拉伸作用下，有节奏地逐渐加大动作幅度或多次重复同一动作，使软组织逐渐地或持续地受到被拉长的刺激。

3.体能主导类快速力量性项群

此类项目对于专项柔韧要求主要是，增加肌肉的弹性，加大关节活动幅度，保证在完成技术时进行大幅度的动作，有利于提高节奏控制能力、动作的高度协调性，以及防止受伤，起保护作用。如投掷、跳跃类运动，以投掷类为例。

投掷类项目的柔韧性训练基本上采用拉伸法，分为拉伸法和静力拉伸法。

在这两种方法中都有主动、被动拉伸两种不同的训练方式。身体的各个环节肌肉、关节的主动和被动的大幅度伸展和牵引练习通常安排在准备活动和主要练习之间。具体训练内容根据大学生个体情况而定。一般采用肩关节柔韧练习、徒手和带重物做两肩向前或后的绕环的练习、徒手压肩等。

腰部和髋部练习采用站立前屈、俯卧背卧、转体、甩腰及绕环、交叉步跑、正面大步转髋、负重弓箭步走等。不仅要加强柔韧性，还要注意发展各个环节的伸展性和肌肉的弹性，根据专项特点，优先发展肩部和躯干部位的柔韧性。柔韧性练习必须经常进行。

4.体能主导类耐力性项群

此类项目对于专项柔韧要求主要是可以增加关键关节的柔韧性和灵活性，有利于提高专项要求的运动步幅和技术，配合耐力提高竞技能力。如竞走、中长跑、长跑等运动项目。现以竞走大学生的柔韧性训练为例。

竞走大学生的柔韧素质直接影响竞走大学生的步幅和技术，尤其是髋关节的柔韧性和灵活性。采用身体各个环节肌肉、关节的主动和被动的大幅度伸展和牵引练习，通常安排在准备活动和主要练习之间。根据竞走大学生的特点，在练习时提高大学生的肩、髋、膝、踝等关节的柔韧性和灵活性，适当增加身体围绕垂直轴转动的幅度，提高肌肉紧张和放松能力，以改善动作的均衡性、协调能力。柔韧素质训练一般采用垫上或肋木的静力拉伸练习，在最大动作范围姿势下保持5~30秒；原地或行进间动力性练习；原地模仿竞走转髋、两手支撑转髋跳等练习。竞走大学生的协调、柔韧素质及协调能力的训练不是单独进行的。要与专项技术训练结合并贯穿于大学生训练的全过程。

5.体能主导类速度性项群

此类项目主要是更有利于运动技术的掌握和肌力的发挥，如游泳、短距离跑等项目。以游泳为例，其练习方法如下：

动力牵拉：动力牵拉是指有节奏地、速度较快地、幅度逐渐加大地多次重复一个动作的拉伸方法。在运用该方法时，用力不宜过猛，幅度要由大到小，从而避免拉伤。每个练习重复5~10次。

静力牵拉：静力牵拉与动力牵拉正好相反，是轻柔、缓慢地将关节移到最大活动范围内，将肌肉、肌腱、韧带拉伸到一定的酸、胀、痛的感觉位置并略有超过，然后停留一定时间的练习方法。这种方法可以减少或消除超过关节伸展能力的危险性，防止拉伤。由于拉伸缓慢不会激发牵张反射，一般要求在酸、胀、痛的位置停留5~60秒，重复6~8次。

被动牵拉：被动牵拉是静力牵拉的一种，由他人施加的一个压力，即在同伴的帮助下或负重借外力的拉伸使活动幅度增大。但外力应与大学生被拉伸的程度相适应。

慢速动力拉伸：慢速动力拉伸是用比较慢的速度进行动力拉伸，可与静力牵拉结合进行，当关节移到最大幅度时静止5秒或更长的时间。

收缩—放松法：收缩—放松法是根据神经肌肉的本体感受特征发展起来的。其根据是当肌肉先收缩时，可以更充分地放松，使活动幅度增大。

牵拉的程度比牵拉的方式更为重要，但有两种方式潜在的危险性比较大，应尽量避免。动力牵拉是最危险的，因为正在快速运动的肢体很难被控制，因此容易造成过度拉长。被动牵拉也比较危险，一个强壮而热心的同伴很可能将被牵拉者的肌肉和肌腱拉伤。不过，被动牵拉比较适合于踝关节的牵拉练习，因为这个关节不容易被过度牵拉，而且被动牵拉的效果很好。

每次训练前后应安排10～20分钟的牵拉练习，这样有利于大学生在游泳专项训练时增大动作幅度，同时改进技术。建议静力牵拉和收缩一放松牵拉持续6～60秒，因为训练效果可能带到活动范围，极限在开始数秒时就已经产生，过长的牵拉可能是浪费时间。每次练习可进行3～6组，每组10～15次。进行任何素质训练的同时，也伴随着调节器、结构代谢方面的改变。然而，适应变化的过程取决于负重力量、肌肉收缩的方式、速度及练习的持续时间、肌肉组织的个体结构。

第四章 高校体育训练中的运动处方与损伤的预防

第一节 体育训练处方的发展

运动处方是针对每个体育锻炼者的具体情况制定的一种处方式的体育锻炼计划。运动处方是现代体育科学发展中的新生事物，具有科学性、实用性、针对性强的特点。

一、体育锻炼处方的概念

体育锻炼处方是指根据每个准备从事体育锻炼的个体的身心状况而制定的一种定量化的周期性体育锻炼计划。因为给健康者制定的健身方案很像医生开的处方，所以世界各国普遍把处方这个词援引到体育领域。我国通常称体育锻炼处方为运动处方或健身运动处方。

根据21世纪初运动处方在国内外发展的情况，可以将运动处方理解为：由康复医师、康复治疗师以及体育教师、社会体育健身指导员、私人健身教练等，根据患者或体育健身者的年龄、性别、健康状况、身体素质，以及心血管、运动器官的功能状况，结合主、客观条件，用处方的形式制定对患者或体育健身者适合的运动内容、运动强度、运动时间及频率，并指出运动的注意事项，以达到科学地、有计划地进行康复治疗或预防健身的目的。

实践证明，按照运动处方进行科学的锻炼，既安全可靠，又有计划性，在有效的运动处方的指导下进行锻炼可以达到下述目的：第一，增进身体健康。它包括两个方面，一是预防疾病，特别是"文明病"；二是改善身体状态，提高对环境的适应能力。第二，提高身体机能，可以指导锻炼，使肌肉力量、耐力、爆发力，身体的灵敏性、技巧性、平衡性、柔韧性等素质和运动能力加强。第三，治疗疾病。把运动当作康复疗法的一种手段，严格地按处方进行，可以大大提高运动时的安全感，尽可能少地出现意外危险。

二、体育锻炼处方的分类

随着运动处方应用范围的不断扩大，运动处方分类的方法也在不断改进，用不同的方法，可将运动处方分为不同的种类。此外，在国外还有以提高运动员身体素质为目的的竞技训练运动处方。在运动疗法领域内，使用辅助用具、穿戴假肢、步态训练、操纵轮椅的训练等，也都有相应的运动处方。

（一）根据运动处方对象分类

1.康复治疗性运动处方

用于某些疾病或伤处的治疗和康复，它使医疗体育更加定量化、个别化对待。例如，某人中等肥胖，体重超标10公斤，他需每天爬山1小时，约16周的时间体重可以降到标准范围，这就是治疗性运动处方。

这类运动处方的目的是，通过运动疗法帮助患者提高身体机能，缓解症状，减轻或消除功能障碍，恢复肢体功能，尽量提高患者的生活自理能力和工作能力。康复治疗性运动处方主要用于综合医院的康复科、康复医疗机构，也用于社区康复工作。

2.预防健身性运动处方

预防健身性运动处方的对象是全民健身运动的参加者，主要用于健身防病。如人过中年，身体就开始衰退，像动脉硬化就慢慢开始了。为了预防动脉硬化，运动处方规定了中等强度的耐力跑，使脂肪和胆固醇等物质不易沉积，从而达到预防动脉硬化的效果。运动处方的主要目的是指导人们采取适当的体育活动，科学地进行锻炼，以便更有效、更科学地提高健康水平、增强体质、预防某些疾病的发生、防止过早衰老等。预防健身性运动处方主要由体育教师、社会体育健身指导员、私人健身教练等人来制定。

（二）根据运动目的分类

1.健身运动处方

健身运动处方是指不同年龄、不同性别、不同职业的健康人进行锻炼，以增强体质、预防疾病、提高健康水平所依据的运动处方。主要采用低强度、较长时间的有氧运动，来达到提高心肺功能的目的。

2.健美运动处方

健美运动处方主要以改善和塑造身体形态为目的。通过健美运动，男子可以塑造健美的形体，女子可以培养出高雅的气质。

3.竞技运动处方

竞技运动处方是一种主要以提高运动员身体素质和运动技术水平为目的的运动处方。

4.康复运动处方

康复运动处方是指某些患有疾病或进行外伤治疗的康复患者，使锻炼更加定量化和更具针对性，从而达到治疗疾病、提高康复医疗效果所依据的运动处方。

（三）根据运动处方锻炼作用分类

1.全身耐力运动处方

全身耐力运动处方以提高心肺功能为主要目标。按照运动处方进行系统性锻炼，可以缩短患者住院时间，更快地恢复工作能力。目前除用于急性心梗患者的康复之外，在国外已经广泛用于心血管系统慢性疾病（如冠心病、高血压）、代谢疾病（糖尿病、肥胖病）、长期卧床引起心肺功能下降等疾病的预防、治疗和康复。

在全民健身计划实行的过程中，全身耐力运动处方被用于科学地指导健身，以提高锻炼者的耐力素质、维持合理的身体成分、消除亚健康状态的症状。

2.力量运动处方

力量运动处方的主要作用是提高肌肉的力量耐力。在康复医学中，通过运动疗法，即患者主动的肌力锻炼，使“废用性”萎缩肌肉的力量得到提高，肌肉横断面和体积加大，起到改善肢体运动功能的作用。在全民健身运动中，力量运动处方用于指导健身者科学地进行增强肌力的训练，以达到提高力量素质，减缓中年以后肌肉萎缩的速度，预防骨质疏松等作用。

3.柔韧性运动处方

柔韧性运动处方的作用是提高身体的柔软性素质。在康复医学中，通过各种主动、被动运动等，使因伤病而受累关节活动幅度尽量保持、增加或恢复到正常的范围。在全民健身运动中，柔韧性运动处方用于指导健身者采用科学的手段和方法，提高身体的柔韧性素质，预防随年龄增长而导致的关节活动幅度下降。

（四）根据所锻炼的器官系统分类

心脏体疗锻炼运动处方。它以提高心肺功能为主，主要用于冠心病、高血压、糖尿病、肥胖症等内脏器官疾病的防治和康复。

运动器官体疗锻炼运动处方。它以改善肢体功能为主，用于各种原因引起的运动器官功能障碍，以及畸形的矫正等。

三、体育锻炼处方的发展

（一）运动不足与现代文明病

现代文明病的发生与人类文明进步密切相关，其中关键因素是社会因素，特别是不科学、不健康的生活方式。现代科学技术的进步和改革开放的发展，使得我们的生活环境和劳动条件发生了巨大的变化，其中产业机械化、自动化的高度发展，使生产活动进入了效率化和合理化，劳动时间缩短。同时，各种家用电器的普及，使得日常生活里身体活动的机会越来越少。在这种情况下，给人们带来了新的危机——运动不足，导致体质下降。

随着生活水平的提高，不良生活方式引起的疾病增多，且有老年病年轻化的趋势，大众健身引起了人们的重视。许多科学家分析，现代人冠心病、糖尿病的发病率增加，除了营养不合理外，运动不足是一个极为重要的原因。

此外，缺乏运动也是引起“亚健康”状态的原因之一。运动少，不仅较易出现肥胖，而且可导致机体的各项功能减退、免疫力下降，从而引发多种疾病。所以对“亚健康”患者来说，最重要的是养成良好的生活习惯，劳逸结合，平时注意锻炼身体，适度参加户外体育运动。

因此，体育健身是防治现代文明病、提高体力、改善体质、增进健康的积极有效的方法。运动处方在以提高国民体质、增进健康、预防慢性疾病的健身活动中能正确指导健身者科学地进行锻炼，以较短的时间、较轻的体力负荷，取得较大的锻炼效果。

（二）体育锻炼处方与增强体质

随着社会的发展和物质文明的进步，人们的生活环境日益优化，但生存环境却日益恶化，体质、体能日益退化，对各种疾病（尤其是感染性疾病、传染性疾病和慢性疾病）的免疫力和抵抗力日益减弱。因此，通过科学的体育锻炼增强体质、体能，增强自身对各种环境变化和疾病的抵抗力，也已成为人类社会发展的必然趋势。

人们都希望自己的体质强健，但是迄今为止，人们对体质内涵和体质增强途径的认识还存在着一些误区。有的人认为只要吃山珍海味，就可以永葆身体健康，而不屑于运动锻炼；也有的人认为只要经常活动，就可以保持健康，则不注意平时的饮食营养和卫生。事实上，唯一正确的增进健康、增强体质的方法就是运动锻炼以及合理的饮食营养和生活制度，三者缺一不可。

体育锻炼必须讲究科学。但若锻炼强度过大、频率过高、持续时间过长，非但不能增强体质，反而会使身体抵抗能力下降，对各种感染性疾病的易感率升高。因此，体育锻炼开始向科学、安全、有效、个性化方向发展。而运动处方正是按照运动参加者的具体情况和运动爱好，制定合适的运动项目、运动强度、运动时间和运动频率。按照运动处方进行锻炼，既可以确保安全，又有科学性和针对性，从而可以取得最佳的健身效果。

现代健身运动涉及的范围很广，不仅是锻炼骨骼、肌肉以及心血管系统，还要健脑、明目、聪耳、固齿。在健身运动处方的运用上，东方国家重视选择太极拳、举重、武术等为健身锻炼的项目；而西方国家则把长跑、自行车、游泳等作为健身锻炼的项目。虽然对健身运动处方的选择不同，却都反映了人们对身体健康、体质强健的共同追求。

健身运动处方是利用科学理论和方法来合理有效地指导健身者增强体质，具有针对性和非随意性的特点。要想通过体育运动来健身，就必须按照有科学根据的健身运动处方来进行，并不是漫不经心的随意运动。健身运动处方很像医生给病人开的药方，一是针对不同的个案选配不同的运动项目；二是给各个运动项目科学定量，要求选用简便可行、实效性高的运动项目，根据每个健身者的特点确定适合自己的运动量和负荷量。

第二节　运动处方的应用与注意事项

运用运动处方从事身体锻炼者的目的方法因人而异，有的人是为了强壮，有的人是为了娱乐消遣，还有的人是为了保持体形。事实上，运动的效果都表现在生理和心理方面。

在运用处方时，应首先对自己的健康状况进行医学诊断和体力方面的评价，然后，在此基础上选择适合自身状况的运动处方，在6～10周内获得理想的健身效果。

一、减肥运动处方

当今世界高科技的飞速发展，给人类带来了极大的物质享受，人们的劳动强度大大降低，因此，肥胖的人也越来越多。肥胖会造成许多健康问题，如高血压、中风、心肌梗死、糖尿病等。肥胖主要是因为身体摄取的能量多于消耗量所致，所以要成功减少体重，必须通过控制每天热量的吸收及增加运动量。换句话说，最有效的减重及预防体重上升的方法就是开展健康的生活模式，包括饮食均衡、进食适量食物及进行持之以恒的运动。减肥运动应由低强度运动开始，循序渐进地增加强度。这里所要介绍的就是一种行之有效的减肥健身运动。

我们首先应知道肥胖程度的检查方法。只有通过检查，才能知道自己是否属于肥胖，这样才能为自己的减肥处方提供科学依据。

首先，通过测量得知被查者的身高（厘米）、体重（公斤）然后代入下列公式计算，再根据标准判断是否肥胖。

标准体重（公斤）=身高（厘米）—105（女性100）

超体重百分比：肥胖标准，超过体重20%～30%为轻度肥胖；超过30%～50%为中度肥胖；超过50%为重度肥胖。在得知自己的肥胖程度以后，我们就可以来探讨减肥健身的方法了。

在健身减肥过程中，不能仅仅依赖局部肌肉的运动来减少脂肪的重量和防止脂肪的增加，而要使身体在有氧供能的状态下运动，使脂肪在运动中氧化放热，这样才能达到减肥除脂和减轻体重、完善身体的目的。据有关方面的研究，要减少500g脂肪，就必须通过运动消耗7000千卡的热量。那么，在我们的健身计划中，要全部消耗这500g的多余脂肪，我们只要每天进行一次30分钟慢跑，每次消耗300千卡，连续进行23天的健身跑就可消耗6900千卡的热量。就可达到减肥、改善身体组成成分的目的，而且，多余的身体重量也会在减肥健身运动中减掉。

在减肥健身跑锻炼中，有时身体的组成部分虽然已经发生变化，但体重却没有减轻，主要由于肌纤维增粗，肌肉生理体积增大，肌肉的质量和重量都得到改善。此时，体重虽没有减轻，但实际上身体的组成成分中，脂肪比例已经减少了。

综上所述，在健身减肥运动中，不应依靠局部肌肉的运动减肥，而要选择中等强度并能够长时间地在有氧条件下坚持的运动，才能达到消耗脂肪能量、减肥健身之目的。

第一，进行体能活动却不减少热量摄取，在初期通常只能令体重缓慢地减少，只靠运动难以令体重短时间内有显著减少。不过，研究表明，利用饮食及运动的策略减去体重，比仅仅用饮食控制减去的体重更多，因此，应将均衡饮食与定期进行体能活动相结合。

第二，建议最初的6个月内，将减重的目标定为体重的10%，这个减重幅度能显著地减少与肥胖相关的健康风险。由于体重减少后，身体的能量需要也随之减少，因此需要修订饮食及体能活动的目标。

第三，研究显示，安全又健康的减重速度，应为每周0.2～1千克。

二、健身运动处方

健身运动处方是指导健康人进行运动锻炼，以提高体适能，促进健康，预防运动缺乏病为目的。近年来，一些西方国家，健身运动处方的应用呈现强度和缓、身心全面、质量粗细的特点。运动方式不再仅强调强度，过去那种快节奏的健美操、长跑，已渐渐被以每周3～4次的半小时以上轻松和缓的瑜伽、太极拳、慢跑、快走等形式代替。通过锻炼解除心理压力，精神与身体和谐发展，提高对现代生活的适应能力等，成为制定健身处方的追求目标。

三、应用运动处方应注意事项

（一）疲劳的判定

在根据运动处方进行锻炼时，由于主观和客观的原因，在锻炼进程中很可能因选择处方的运动负荷、锻炼方法、外环境的变化、工作和生活强度较大等产生肌体疲劳。此时，如不给予高度的重视，健身的效果不仅不明显，甚至还会给肌体带来伤害。

疲劳是肌体或某一部分由于长时间地工作或反复受到刺激而出现的应答能力或机能的减退。导致疲劳的原因是多方面的，但它导致工作能力和身体机能下降也是暂时的。在运动锻炼中一旦产生疲劳，即刻采取科学的对策，疲劳是可以消除的。为使运用运动处方健身取得理想的效果，我们在健身和日常生活中可利用一些简单的自我感觉来判断肌体是否疲劳。

当识别肌体疲劳后，就可对症下药以消除疲劳。消除疲劳的方法有两种：

1.保证充足的睡眠和休息时间

因为睡眠时，副交感神经的活动可达顶点，而副交感神经活动能促使能源物质的合成，即同化作用显著优势进行。因此，睡眠对消除疲劳具有最大的效果。

2.积极性休息

作为积极性休息所选用的锻炼活动，强度要小，时间要短。这样，大脑皮层中神经细胞产生的兴奋才能集中，对疲劳神经细胞方可产生负诱导作用，并使疲劳神经细胞加深抑制，促进恢复。同时，改变肢体活动的部位，变换锻炼的内容和方法也是非常重要的。

无论选用哪种恢复机能的方式，都要给身体补充消除疲劳的营养物质，体质才能通过疲劳而增强。因为锻炼时消耗的营养物质只能依靠饮食中的营养物质来补充，所以安排好膳食结构有助于疲劳的消除。

（二）健身锻炼中的常识

在实施运动处方锻炼时，首先要对自己所选用的处方内容、运动场所和运动用具等有充分的了解，并且对运动场所和运动用具的安全性做全面的检查，将伤害和事故的发生消灭在萌芽状态。在选择锻炼负荷量时，必须根据自己的身体状况选择适宜的运动负荷量。

无论采用何种健身的方式，都应包括准备活动、伸展柔韧性运动、有氧代谢运动和整理活动这四大内容。只有在做好准备活动后进行健身锻炼，最后配以整理活动，健身锻炼才能取得效果。

第一，准备活动的顺序通常是先慢慢地活动手、臂、腿和脚。因为这种活动对心脏的刺激不大。同时，准备活动时要根据气候条件和年龄、身体状况适当地增减衣服，以保证肌体不至于感到寒冷，又不妨碍做动作。

第二，在健身锻炼之后，肌体的工作状态处于一个较高的水平，如果此时停止运动或坐下或躺下休息，会使体温急剧下降，从而导致眩晕、恶心、出冷汗。所以，在健身锻炼后要及时对肌体进行整理活动，使身体代谢的速度缓慢下来，使肌体逐步处于稳定状态。

第三，健身锻炼出汗之后，不能立马去洗澡，应在运动后10分钟左右再冲澡。

第四，在按照健身运动处方进行健身锻炼过程中，如果遇到下列症状，必须停止锻炼：胸痛伴随运动的进行加剧；胸内绞痛，呼吸严重困难；恶心、头晕、头痛；肌体感到十分疲劳；四肢肌肉剧痛、两腿无力，行动困难；足、膝、腿等关节疼痛；脉搏显著加快；脸色苍白，出冷汗，嘴唇发紫；跑的姿势或动作不稳，不正常，运动的速度突然缓慢。

第五，从事健身运动锻炼，切忌性急。要在轻松愉快的心情下进行健身运动锻炼，健身的效果才会更充分地得到体现。

第六，要高度重视健身锻炼后的身体恢复阶段。为了使身体通过锻炼而受益，必须注意锻炼后身体的恢复过程。首先要改善饮食结构，根据健身过程中负荷量的大小，不同年龄对营养物质的需求，有计划地科学地选配食品，以保证身体对营养需求的平衡。其次是对肌体的调节，因为调节肌体的工作和休息状态能够解除疲劳，促进物质吸收和储备能量。另外，如有条件，可在锻炼后采取一些理疗，这些方法是行之有效的。

（三）冷、热环境下的锻炼

健身锻炼要根据春生、夏长、秋收、冬藏的自然特点进行。将健身运动与自然力锻炼结合起来，健身效果会更好。

1.热环境下运动

在热环境下运动，收缩压和舒张压都降低，这是因为在高温下，身体末梢血管舒张，安静血压容易形成比较低的状态。

中老年人在热环境下运动要充分考虑气温条件，因为在高温多湿的环境下运动，中老年人呼吸循环系统、体温调节机构等身体负荷比青壮年显著增大，所以，在环境条件不理想的情况下，对中老年人限制运动量或强度是必要的。

2.冷环境下运动

在可能的情况下，人们要抑制颤抖的出现。中老年人深层体温比年轻人低，是因为安静时代谢水平低所致，这与运动量和饮食量少有关。

中老年人在寒冷环境中，经常发生体质衰弱或死亡现象。所以，在寒冷中运动，要特别注意调整服装，戴手套等。

因运动而出汗后，体温会下降，增加了患支气管炎的危险性；另外身体柔韧性丧失，动作敏捷性差，要充分注意这方面的问题。

3.对运动环境的选择

运动环境的选择，首先，要考虑的是安全问题，既要避免到人群喧闹、噪声较大、交通拥挤的地方去运动，也不要到自己不熟悉、人迹罕至的偏僻地方去运动。其次，根据运动项目的不同特点，选择合适的环境，对运动者的运动情绪、运动开展、运动效果等方面，都有很重要的意义。如骑自行车、远足等运动时，最好选择在自然景色美、树木较多、地面较平坦的地段；跳绳、打羽毛球等运动可选择在地势平坦的空地上进行；游泳要选择到游泳场馆去。

运动的环境选择和安全，还要根据不同季节的气候条件变化而变化。夏天天气炎热，阳光中的紫外线特别强烈，要避免长时间在户外阳光直射的地方运动，以免引起中暑；冬季早晨有雾，能见度差，且雾中带有有害物质，所以要避免在大雾天气中运动。

第三节　体育训练中损伤预防

一、运动损伤的概念与分类

（一）概念

由体育运动或锻炼引起的肌肉、骨骼和内脏等部位的损伤谓之运动损伤。运动损伤多见于年轻人群，他们热爱运动，积极参与各项体育活动，但常常因缺乏一定的运动锻炼科学常识以及出现运动损伤后的应急措施，受伤后往往造成不必要的痛苦，严重者甚至导致终生遗憾。

（二）运动损伤的分类

1.按受伤组织结构分类

按受伤组织结构分类可分为皮肤损伤，肌肉、肌腱损伤，关节损伤，滑囊损伤，神经损伤及血管损伤等。

2.按受伤后皮肤、黏膜是否完整分类

开放性损伤：受伤后皮肤、黏膜的完整性遭到破坏，受伤组织有裂口与体表相通，如擦伤、刺伤和切伤等。

闭合性损伤：受伤后皮肤、黏膜仍保持完整，受伤组织无裂口与体表相通，如挫伤、肌肉拉伤和关节韧带扭伤等。

3.按损伤的程度分类

急性损伤：直接或间接外力一次作用而致伤者，伤后症状迅速出现。

慢性损伤：按病因又可分两类，一是陈旧伤；二是劳损伤。

二、运动损伤的原因与预防

（一）运动损伤的原因

任何人都不愿意在运动时受伤，造成运动损伤的两个潜在因素：其一，运动项目及其技战术动作对人体的特殊要求；其二，人体自身某些部位在运动中所表现出的解剖生理弱点。这是矛盾对立的两个方面，是对立的统一，也是客观存在的。它们的存在仅能说明运动具有发生损伤的可能，因此，如想将发生意外的概率减至最低，首先就要了解构成运动损伤的因素。

1. 内在因素

(1) 体适能

体适能是指肌力的状态、肌肉的柔韧性和心肺的耐力。假如肌力的状态不佳，受伤的机会便会较高，因为柔弱的肌肉给予关节的保护较小。缺乏柔韧性是导致肌肉、肌腱及韧带受伤的另一个原因。至于心肺耐力不佳，就会使运动者失去专注力及身体的协调。

(2) 生理限制

身体结构和体型是生理上的先天限制。某些生理上的不正常现象如拱形足、扁平足或脊椎骨的过度弯曲都可能导致运动时受伤。从事体型上不适合的运动较容易引致身体受伤。

(3) 技术程度

技术较差的运动者通常较容易受伤，而不正确的技术也可造成不必要的影响。例如，打网球时经常错误的击球姿势，容易导致“网球肘”。

(4) 心理状态

思想上麻痹大意是造成运动损伤的最主要因素。此外，包括过度热衷、过度高估自己能力、好胜心和焦虑等。过度热衷于某项运动，长时间或一连数天不停地参与该项运动，以致体力透支，导致过度疲劳，引致受伤。过高估计自己的运动能力，倾向使自己操练过度，超出身体负荷的锻炼，容易引致劳损。焦虑以及恐惧，都会导致行为失常，继而引致受伤。其他因素，如缺乏专注力及疲劳的心态亦可能导致受伤。

2. 外在因素

(1) 环境

天气、活动空间、活动场地的地面情况和危险地带都属于外在的环境问题。很明显，在恶劣的天气下进行户外活动，容易发生意外。此外，在安排不当的活动空间中进行运动也可能导致意外。例如，在不够大的空间进行一些高速度或有身体接触的运动就容易发生擦伤、骨折等情况；错误地运用场地，例如，将排球及羽毛球等同时安排在同一场地内进行，也容易导致意外。活动场地的地面情况，硬场地因不能有效地吸纳震荡，所以足、胫及膝等部位容易受较大的撞击。湿滑或不平坦的场地，则容易使运动者跌倒或使踝关节扭伤。

(2) 运动的性质

有身体接触的运动——足球、篮球等有相当身体接触的运动是比较容易引致受伤的。

危险性高的运动——体操、跳水等运动危险性较高，所以也较容易受伤。

参赛人数——假如比赛场地较小，而参赛人数却很多，身体接触的机会亦会增加，受伤的可能性就随之增高。

比赛规则及执法——假如比赛规则允许身体接触，但执法松懈，则很容易引致双方队员受伤。

（3）运动器具、场地设施及运动服装

使用运动器具前，应该详细检查，场地设施应经常维修。运动时，在选择服装、鞋袜及装备时应注意尺码、类型是否合适。例如，选择运动鞋，必须配合不同的运动而做出适当的选择。一般来说，进行跑步活动，必须选择避震效力较大、能承受极大压力的跑步鞋，使压力平均分配在整双脚上，减少脚部劳累。

（4）保护装备

很多运动需要一定的保护装备，原因是这些运动可能有很多身体碰撞或运动本身的危险性较大，比如极限运动。不配戴保护装备或配戴得不妥当都容易引致受伤。

除此以外，还有运动者的责任问题，运动者本身必须遵守有关运动的规则，听取指导者的指导，以避免不必要的损伤。违反教学和运动规律的教法会导致伤害。错误及不适当的锻炼方法常常导致运动者身体受伤，运动量与进度必须有周密而详细的计划，过量或过度的锻炼都会导致运动损伤。

（二）运动损伤的预防

1. 内在因素的预防措施

首先，运动者在进行运动前，必须对自己身体结构的特性及限制加以测试及量度，找出可能引致损伤的因素。例如，身体是否有先天性的毛病、心肺功能怎样、肢体的柔软程度如何等。

其次，运动者必须在运动前做足热身运动和伸展动作，使肌肉和关节活动开。一般的热身运动应由头部开始直至足部，或由身体躯干开始直至四肢部分。每次剧烈运动之后，应做一些整理活动，目的是让心脏血管系统恢复正常，帮助排除肌肉内的代谢物。

再次，运动者应进行一些身体状态的适应训练，因为肌肉经过适应性的训练后，可以减低在持久和剧烈运动时受伤的机会；而良好及平衡的肌肉发展，对关节和内脏器官有一定的保护作用。有规律地做伸展练习可以改进身体的柔韧性，从而减低受伤的机会。

最后，是运动者的心理准备方面。运动前，必须对该项运动有所了解，明了技巧的掌握，并且做好充分的心理准备，这样可帮助运动者集中注意力，降低紧张情绪并建立信心。运动者还要知道如何对付压力及情绪，以降低和松弛紧张情绪。

2.外在因素的预防措施

针对构成受伤的外在因素，必须进行合适的预防。

对环境有正确的认识与判断。活动的安排应视场地是否合适及空间是否足够而决定，尤其应注意潜在的危险及其他环境因素，如天气、光线等。

了解比赛规则及其执行情况。必须了解运动的规则并自觉遵守，注意自己的体型及技术的水平，以免因拦截对方进攻而使身体受伤。

器材设施及运动服装。在不同的运动场合，应穿不同的运动服装及鞋袜，要注意是否有足够的安全装备。

保护性帮助和用品，可有效帮助减低运动损伤的严重程度。

适当的指导及监督。教练、指导员、教师以及有关人士应对自己负责的运动有深入的认识，了解并接受运动者在体能上及技术上的个体差异，对某些人要给予较多的注意及监督。训练方法要合理。要掌握正确的训练方法和运动技术，科学地增加运动量。虽然在运动中出现意外性创伤是难以避免的，但只要在运动前充分制定好以上的预防措施，因运动而引起损伤的机会就会随之减少。

三、运动损伤的处理

（一）开放性损伤的处理

1.皮肤擦伤

擦伤，就是皮肤受外力摩擦所致的皮肤出血或组织液渗出。

（1）小面积擦伤

若在一般部位，局部消毒后可用红药水或紫药水局部涂擦，不需包扎。而关节及其附近的擦伤，则应首先局部消毒后，再涂以消炎软膏，以免局部干裂影响锻炼，若感染，易波及关节。

（2）较大面积擦伤

首先应以生理盐水或0.05%的新洁尔灭液清洗创面，然后局部消毒，最后消毒并包扎。必要时可加抗菌素，预防感染。

2. 皮肤撕裂伤

撕裂伤是指皮肤受外力严重摩擦或碰撞所致的皮肤撕裂、出血。轻者，消毒后以胶布粘合或用创可贴敷盖即可；面积较大者，则需止血缝合和包扎。必要时用破伤风抗菌素1500～3000国际单位肌肉注射，以免引起破伤风感染。

3. 刺、切伤

刺、切伤是指在运动中被尖锐器物刺破或切割所致的伤口，处理方法同撕裂伤。伤口小而浅者无需缝合，深而宽者应缝合后用抗菌素。

（二）闭合性软组织损伤的处理

1. 急性损伤

急性损伤的一般处理原则是止动、止血防肿、活血散瘀和消肿止痛。

（1）止动

在闭合性损伤发生后，要“止动”的原因是首先要检查有无合并伤，例如，腹部挫伤后有无合并内脏器官破裂，头部挫伤后有无合并脑震荡等，要先处理合并伤，再处理软组织损伤。在确定无严重的合并伤后，再进行下一步处理。

（2）止血防肿

伤后24～48小时内，应进行冷敷、加压包扎、止动和抬高患肢，即“RICE”自我疗法。所谓RICE，实际上是四个字母代号，R，即rest（休息）；I，即ice（冰）；C，即compression（压迫）；E，即elevation（抬高）。各取第一个字母，组成RICE，有助于记忆。要停止伤部的活动或做局部固定，同时还应冷敷（如冷水浸泡，或用冷毛巾敷患处，有条件的常用氯乙烷喷射表面，使局部组织降温和血管收缩，达到止血的目的）、加压包扎（用棉花贴在患处，再以绷带加压包扎），还可外敷新伤药、内服止痛片，之后抬高伤肢，适当固定。若在受伤后48小时内依照RICE疗法的原则去做，许多软组织的运动创伤都会得到控制，至少能避免损伤的恶化，减轻伤者的痛苦，对未来的康复有很大的好处。

（3）活血散瘀和消肿止痛

受伤24～48小时后，可以开始在局部进行按摩、热敷和理疗等，8小时以后热疗和按摩极为重要，还可以选择理疗、针灸、外敷中草药、拔罐和局部药物注射疗法等，以促进组织的新陈代谢，加速瘀血与渗出液的吸收，活血散淤，消肿止痛。当损伤基本恢复后，应开始适当地进行力量练习和肌肉、韧带的伸展练习。

2.慢性损伤

慢性损伤的一般处理原则是改善伤部血液循环，促进组织新陈代谢，合理安排运动量。通常也采用按摩、热敷和功能锻炼等方法。

四、常见的运动损伤

（一）挫伤

挫伤是指在钝器或钝力直接作用下，人体皮肤或皮肤下组织所受的伤，如运动时相互冲撞、踢打所致的伤。

症状：单纯的挫伤仅局部青紫，皮下瘀血肿胀、疼痛。以四肢多见，可伴有功能障碍。严重者可合并肌肉断裂、骨折、失血、内脏损伤和脑震荡。如合并内脏损伤，患者常伴休克，应及时送医院救治。

处理：局部休息，限制活动，在24小时内冷敷和加压包扎，患肢抬高。疼痛明显者可服止痛药，外用风湿跌打膏、伤湿止痛膏等。48小时后开始理疗和按摩，肢体开始活动。若有指（趾）甲下血肿，可局部消毒，用火针刺入放血并包扎。必要时可用抗菌素药物，以预防感染。

（二）肌肉拉伤

肌肉拉伤是指在外力直接或间接作用下，肌肉过度主动收缩或被动拉长所致的肌肉纤维损伤或断裂。常发于下肢、肩胛、腰背部和腹直肌等部位的肌肉。

症状：局部肿胀、疼痛，明显压痛、肌肉紧张或痉挛，摸之发硬，活动时疼痛加重。有肌肉断裂时，则局部肿胀明显，伴有皮下严重瘀血和功能障碍，也可摸到凹陷或异常膨大的断面。

处理：轻者可立即休息，抬高患肢，局部冷敷并加压包扎。疼痛明显者，可酌情服止痛药。24小时后开始理疗和按摩。如肌肉大部分或完全断裂，应加压包扎并立即送往医院。

（三）关节韧带扭伤

关节韧带扭伤是指在间接外力作用下，使关节发生超常范围活动，而造成的关节内外侧韧带部分纤维断裂。常发于踝、膝、腕、掌、指、腰和颈椎关节部位。下面以踝关节扭伤为例，进行详细说明。

踝关节外侧副韧带损伤在运动中非常常见，约占急诊运动创伤病例的16%。

据统计，92%的篮球运动员曾有过踝关节外侧副韧带损伤，83%的曾有两次以上的损伤。我国国家队运动员中73%的运动员曾有过两次以上的踝关节外侧副韧带损伤，59%的有各种后遗症状。踝关节韧带损伤虽然不是非常严重的运动创伤，但若早期处理不当，也会严重影响运动员的训练，并可能造成严重的后遗症。

症状：有踝关节突然内翻或外翻损伤史。局部疼痛、肿胀，出现瘀血。踝关节活动功能受限。

处理：踝关节扭伤后应立即停止运动，进行踝关节制动并加压冷敷和包扎，冷敷时冰袋或冰块不可直接接触皮肤，以免冻伤。踝关节制动可采用粘胶带固定、石膏或护踝支具固定。受伤部位的制动、加压包扎和冷敷可有效地减少韧带断裂部的出血，缩短愈合时间，减少日后因血肿而形成疤痕修复，这是急性踝关节扭伤早期最基本的处理方法。

（四）骨折

常见骨折分为两种：一种是皮肤不破，没有伤口，断骨不与外界相通，称为闭合性骨折；另一种是骨头的尖端穿过皮肤，有伤口与外界相通，称为开放性骨折。

处理：对开放性骨折，不可用手回纳，以免引起骨髓炎，应用消毒纱布对伤口做初步包扎、止血，然后找木板、塑料板等将肢体骨折部位的上下两个关节固定起来。怀疑脊柱有骨折者，需仰卧在门板或担架上，躯干四周用衣服、被单等垫好，不能移动，不能抬伤者头部，否则会引起伤者脊髓损伤或发生截瘫。怀疑颈椎骨折时，需在头颈两侧置枕头或扶持患者头颈部，不使其在运输途中发生晃动，再用平木板固定送医院处理。

（五）疲劳性骨膜炎

症状：胫骨前骨膜与骨有剥离的感觉，产生疲劳、酸痛，有压痛。

原因：练习方法不当，地面太硬等，小腿的肌肉发展不平衡，突然的压力。

处理：局部进行热敷、按摩，休息时抬高患肢，运动时用弹力绷带裹扎局部。同时配合中药外敷、理疗和针灸等。

预防：学习正确的锻炼方法，严格遵守循序渐进的训练原则，合理安排运动量，避免突然、连续加大局部的负荷。注意全面锻炼，练习后要放松、休息及做伸展练习减轻疼痛等。

（六）脑震荡

症状：脑震荡发生后，会出现短则数秒、长则几分钟或更长时间的意识丧失。意识丧失时，呼吸表浅、脉搏稍缓、肌肉松弛、瞳孔放大但对称，神经反射减弱或消失。清醒后，患者不能回忆受伤情况、反应迟钝，并伴有不同程度的头疼、头昏、恶心和呕吐等。

处理：立即使伤员平卧，头部冷敷，身体保暖。掐人中、合谷和内关等穴位，使昏迷者苏醒。对呼吸发生障碍的伤员，可做人工呼吸。对昏迷时间超过4分钟，两侧瞳孔大小不一，口、鼻、耳出血，眼球青紫及清醒后头疼、剧烈呕吐或又再度昏迷者，应立即送医院抢救。对短时间意识恢复的轻伤员，应尽可能使其平卧并送回宿舍休息。

五、消除疲劳的措施

疲劳常用“累”来表示，一般来说谁都有过这种体验。人体活动到一定程度时，组织器官乃至整个肌体工作能力暂时降低的现象叫疲劳。疲劳又分为身体紧张为主的身体疲劳和精神紧张为主的精神疲劳。无论身体疲劳或精神疲劳，都是大脑皮质的保护作用。内环境变化促进了大脑的保护性抑制，疲劳代表着中枢神经系统工作能力的降低。当肌肉活动到某种程度时，能源物质耗竭；血液中代谢产物堆积、内环境稳态失调等因素，都是疲劳产生的原因。由此可见，疲劳是生命体对内外环境适应所做出的反应，也是一种生理性防御反应。从这种意义出发，重视对疲劳的认识和采取措施消除疲劳有相当重要的意义。

运动时人体产生的疲劳是一种综合性的生理过程。它首先伴有内环境的变化和不同生理功能的失调，从而导致中枢神经系统的保护性反应。疲劳的症状大致包括以下三方面：一是自我感觉方面，如全身疲倦、头重、嗜睡、无力等。二是精神方面，如精神不集中、焦躁不安、没有耐心、情绪低落、无兴趣、经常出差错等。三是全身方面，面色苍白、眩晕、肌肉抽搐、呼吸困难、口舌干燥、声音嘶哑、腰酸腿疼等。当肌体出现这些疲劳症状时，要及时休息，并对运动内容进行必要的调整，才有利于疲劳的消除。

既然疲劳是由身体活动和精神性刺激的，那么停止进行身体活动和尽快脱离不利环境，无疑是消除疲劳的最好手段。许多研究者将疲劳的消除法划分为两种形式：一种是静止性休息，一种是活动性休息。每一种方法都有对身体有利和不利的一面，正确的方法是两种疲劳消除法要结合使用。静止性休息时，诸如良好的睡眠或安静环境下的静坐，都有助于体内各系统功能的自然调整和大脑细胞的暂时性松弛；有助于交感神经紧张的减缓和副交感神经的兴奋，利于肌体休养生息；有助于体力的复原进而促使疲劳消除。但在大多数情况下，用变换肌肉运动的形式作为活动性休息的手段，对消除疲劳是极其有益的。

（一）积极性消除疲劳

在疲劳后变换（整理）运动或做些放松动作，都可达到消除疲劳的目的，这种方法就是活动性休息。

1.神志昏迷、眩晕及恶心的防止

在运动结束后转为低强度、慢节奏的轻活动，肌肉的泵血功能保持持续状态，肌体血液循环系统活动无骤然变化，就能防止以上症状的出现。

2.防止过度换气

停止剧烈运动后，由于运动时欠下的氧量过多会发生急促的大换气。当肌体转换为轻运动时，氧量的补偿就能达到逐步完成，而不至于出现过度换气现象。

3.加速乳酸的排泄

疲劳的原因之一是体内乳酸等酸性物质堆积。运动后的整理活动，使流经收缩肌群的血流速度仍不减慢，故能及时地把扩散到血液中的乳酸带走并转化成其他成分，恢复肌体的酸碱平衡。另外，乳酸蓄积和氧债密切相关。乳酸消除率提高，氧债的消除也迅速。

（二）简单消除疲劳法

1.节假日的生活安排

一般的工作周期是一周。而在工作间歇穿插休息日，是消除疲劳、防止疲劳进一步积累的最合理方法。所以，当劳累时一定要利用周末，对自己进行调整。周末与其他节假日的活动要安排得有意义一些。比如，脑力劳动者要尽量去户外活动，体力劳动者要干一些轻松愉快的事。

2.保证睡眠质量

睡眠是股体进行生活、工作、运动的支柱和动力。生活的节奏是极其符合大自然的昼夜规律的，即日出而作日落而息，这种作息规律使得身体的各功能协调和谐。保证睡眠质量既是维护正常生理功能的必由之路，也是消除疲劳、恢复精力的积极有效手段。

睡眠要有规律：对保证睡眠质量很重要，特别要养成定时入睡与定时起床的习惯。

保证有足够的睡眠时间：保证青年人睡眠7～9小时，儿童睡眠10小时以上。

睡眠不足时应在白天补足：午睡30～60分钟能有效弥补夜晚的睡眠不足，恢复精力和体力。

优化睡眠环境：适宜的居室温度、湿度以及寝具的舒适程度，对睡眠都有一定影响，应予以注意。

3.从膳食营养的补充

疲劳的一个重要原因是能源物的耗竭。因此，除积极的休息和睡眠之外，还应及时补充膳食营养物质。但要注意膳食平衡原则，不能盲目补充，也不能补充过量。过量的食物还会增加身体的负担，且易造成脂肪的堆积。

4.沐浴

沐浴使皮肤保持清洁，能改善全身血液循环，加速体内代谢产物排泄和加快疲劳的消除。40℃的温水浴对消除疲劳最理想，入浴时间以20分钟左右为宜。此外，涡流浴、桑拿蒸气浴以及各类保健浴，对消除疲劳都有一定积极的作用，但必须掌握科学的入浴方法，适可而止。

5.按摩

按摩以轻手法按摩效果最明显。按摩促进疲劳消除的机理是通过按揉手法，使皮肤和肌肉的血液、淋巴循环加强，穴位刺激还能疏通经络。应该注意的是按摩时间应限制在30分钟左右，手法不宜过重。

第五章 高校塑身及有氧运动科学化训练

有氧体育运动，是被誉为“有氧体育运动之父”的肯尼斯·库珀博士在20世纪60年代创立的，旨在通过“利用氧气的运动”来提升人体健康。这种运动形式要求人体在活动时获得充足的氧气供应，确保摄入的氧气与身体的需求量相等，并维持生理平衡。研究显示，在有氧运动中，尤其是在耐力运动中，耗氧量特别显著。长时间进行耐力运动时，身体依赖糖原和蛋白质提供的能量远远不够，此时，身体通过吸入氧气来补充能量，通过脂肪的分解和氧化产生热量，满足运动所需的能量。有氧运动能够减少体内脂肪，因为在耐力有氧运动中，身体主要依赖脂肪或糖的氧化来提供能量，导致脂肪分解，从而减少脂肪储存。因此，有氧运动具有双重积极效果：一方面，它有助于增强心肺功能，提升耐力；另一方面，它能够消耗体内多余脂肪，帮助控制体重。为了有效抑制脂肪合成并加速分解，需要长期坚持进行有氧运动。

有氧运动在减肥方面的效果已经得到大量研究的证实。汪轩霆通过Meta分析方法对国内外青少年减肥方案进行了整理分析，证明有氧运动对改善肥胖青少年的血脂指标和最大摄氧量等功能具有显著效果；韩振刚对中年超重和肥胖女性进行了空竹和健身走的运动干预研究，发现健身走比空竹锻炼对肥胖和超重女性产生更好的效果；肖宏亮的研究表明，为期4周的有氧运动干预对肥胖人群来说是科学合理的，能够显著降低体重和血压等指标；杨洁则发现，对女大学生进行为期16周的有氧健身操干预能有效提高她们的最大摄氧量。

总结来说，有氧运动干预能够改善身体形态、素质、血压等多个指标，对超重和肥胖人群的减脂减重效果尤为显著。有氧运动时，人体的摄氧量与耗氧量保持动态平衡，呼吸和心率稳定，避免体内乳酸积累，因此具有较高的安全性。长期坚持、强度适中、持续时间较长的有氧运动，如慢跑、滑冰、游泳、健身操等，能有效提高心肺功能，且不容易出现体重反弹。对于肥胖人群而言，有氧运动是一种操作性强、方法多样且有效的健身减脂方案。

第一节　高校塑身运动实践

一、太极柔力球

（一）太极柔力球的定义

太极柔力球是一项融健身、娱乐、观赏、竞技于一体的新兴体育运动项目，它一改传统的硬性击球方式，是以弧形引化过程触球并顺势将球抛出为主要技术特征的持拍球类运动。大家都知道，“太极”是华夏文化重要的组成部分，太极运动是将太极思想这一宇宙大理以肢体语言表现的形式，如太极拳、太极剑、太极棍等。太极柔力球是太极化的球类体育项目，在运动理念和运动形式上无不体现太极思想和太极运动的内涵。所以“太极”是这项运动的根本和生命。太极柔力球运动将太极运动的核心思想“以柔克刚、以退为进、顺敌之势、化敌之力、引进合出、借力打力”和太极运动“完整连贯、圆润柔和、自然流畅、连绵不断”的动作特点充分地体现出来，是一项具有鲜明的民族特色的健身运动项目。

（二）太极柔力球的特性

1. 太极柔力球三大要素

（1）“迎”

当球飞来时手持球拍，对向来球的方向主动伸拍迎球，球拍与来球是相对运动，这样获得了充分的缓冲距离和入球时间，也为引球过程做好了准备。

（2）“引”

在球快入球拍时，球拍顺球的运动方向和轨迹相向运动，当球拍与来球的速度接近时，使球从球拍的边框处柔和地切入球拍，并在“引”的过程中，通过流畅的弧线运动，尽可能多地将来球的力量引入抛球圆弧，使抛球过程获得更多的初速度，为抛球过程的开始奠定良好的基础。

（3）“抛”

抛球过程是身体带动持拍臂和球拍最大可能地稳定在一个同半径、同转轴、同平面的弧形曲线上进行均匀变速的圆弧运动。抛球过程是将身体的运动力与“引”球过程导入的来球之力合为一体，并将这个力在抛球过程的最初阶段作用于球拍和球，使它们沿抛球弧线旋转，在离心力和向心力的作用下，球与球拍合为一体。当球拍挥旋停止和减速时，在旋转惯性的作用下（物理上称为惯性离心力），使球克服了摩擦力和离心力从球拍引化方向的边缘沿着引化圆弧的切线方向飞出。

迎、引、抛作为弧形引化过程的三个阶段，既要准确表现各个环节的不同特点，又要在整体动作中融会贯通、连为一体。在抛球过程中，球拍的横截面应该始终处于抛球圆弧的切线上，使球保持在球拍的内侧。抛球过程的用力是在抛球的初始阶段完成，球拍与球在抛球弧线中应当是均匀加速或均匀减速运动。在抛球过程开始后，不得再出现第二次突然用力和改变原有弧线轨迹。在球出球拍的瞬间，出球点的拍框外缘应与出球方向保持一致。

2. 太极柔力球的三大特点

（1）“柔”

“柔”是太极柔力球的灵魂。有了“柔”才能化力克刚，御敌制胜，柔也是这项运动最大的特色和魅力所在。柔弱退让绝不是无能懦弱的标志，而是聪明持久的象征。古人云“刚强容易过早衰亡，而柔弱却能长久不坏，如狂风吹不断柳丝，齿落而舌长存”“克刚易、克柔难”“天下莫柔弱于水，而攻坚强者莫之能胜”。这些都生动地说明了“柔”的价值和意义。太极柔力球正是柔的体现、柔的精髓。

（2）“圆”

“圆”是化解力量和聚集力量的最佳选择。它可以在最短时间内获得最长的距离和最大的速度，它是力量的源泉，是这项运动特有的形态标志。太极柔力球所有的技术动作都是以圆为核心，人体在打球时是动态的，要想使划出的圆绝对圆是不可能的，但在训练和比赛中我们要最大可能地使球拍控球的弧线过程保持在“一个圆心”“一个半径”“一个平面”的弧形曲线上。这样才能使动作有力度也有美感。

（3）“退”

太极柔力球每一个动作的完成都是以退为前提。只有退的时机、方向、力量恰到好处。我们才可能顺利地完成技术动作，有了合理的后退我们才能蓄集更大的力量，才能获得更全面的观察视角，更加理性、巧妙、准确地向前进，它是以退为进战略思想的开端和基础。在我们的生活中经常会听到“退一步海阔天空”这样的处世之道，在我国的兵书《三十六计》中指出“遇到强敌，主动撤退，寻找战机以退为进”，这是军事战略思想中的上上之策。太极柔力球运动正是这些思想的具体运用。

太极柔力球最根本的还是要体现完整运力的特点。太极柔力球从入球到出球是在一条连贯、光滑、没有拐点的弧形曲线上完成的，是不可分割的“一条弧线”。球入球拍后，以两脚为支撑双腿同时发力，使力集中于腰部，由腰来带动躯干、手臂及手握的球拍和拍内的球进行均匀加速或均匀减速的圆弧形运动。出球的快慢和力量大小都来自腿和腰带动的全身合力，在此过程中，手臂的肌肉和关节并不单独发力，主要起到出球方向的控制作用。在训练中要特别强调“一个整力”，这是我们正确完成动作的关键。在完成每一个动作时都要周身协调、上下相随、浑然一体、一气呵成，贯彻太极运动“一动全身皆动”的主导思想，打出太极柔力球特有的风格和韵味。

（三）太极柔力球的基本技术

1. 握拍方法（基本技术介绍均以右手握拍为例）

掌握正确的握拍方法是最基本和最简单的基本技术，握拍方法有正握和反握两种方法。

（1）正握

用拇指和食指第一指节的指腹部位，相对捏住拍把与拍面平行的两个宽面处，其余手指顺势扣握，拍把的尾部靠在手掌的小鱼际处，掌心要空出，以便球拍在手中自如运转。

（2）反握

反手握拍也是拇指和食指第一指节的指腹部位，相对捏握在拍把与拍面垂直的两个窄面处。其余手指顺势扣握，掌心空出，使球拍能灵活方便地应对各种复杂技术动作的要求。

提示：不要五指大把攥握球拍，握拍位置要适中，持拍臂要尽量放松。

2. 基本站位

（1）正手基本站位

正手基本站位是指运动员正手握拍，接抛身体右侧来球的站位方法。要求面向对方，左脚在前，右脚在后，两脚自然开立，略宽于肩，两膝微屈略内扣，重心在两脚之间，脚跟略微提起，以脚前掌着地，髋关节放松，含胸收腹，上体略向前，平视前方，右手持拍，自然置于身体右前上方。

（2）反手基本站位

反手基本站位是指运动员反握拍，接抛身体左侧来球的方法。要求面向对方，右脚在前，左脚在后，两脚自然开立，略宽于肩，两膝弯曲略内扣，重心在两脚之间，含胸收腹，注视前方，右手持拍，自然置于体前左上方。

3.发球

发球是指比赛开始时把球抛向对手的动作。发球时，双脚自然开立，左手拿球，右手持拍，左手将球由身体的前方向后上方抛出，至少抛离手10厘米，在抛球的同时右手持拍向前迎球，球触拍后，采用高入低抛的弧形引化动作，将球抛出。发球时，必须有一只支撑脚不得移位和脱离地面，出球点不限，但必须符合接抛球的基本规定。发出的球分为高远球、平快球和网前球三种。

（1）发高远球

发出的球，运行轨迹高而远，落点在对方场区底线附近的球，叫高远球。发球时，发球员将球引入球拍后，顺势做弧形引化动作，利用腿和腰的转合力，并运用手臂继续挥摆的力量，将球向上方抛起，球出拍的瞬间出球点的拍框外缘要对向出球方向。

（2）发平快球

平快球指弧形较低，速度较快，是具有一定攻击力的发球。出球时的挥摆动作要以向前用力为主，发出的平快球，从接近网口的高度直奔对方后场。发球时动作一定要规范，用力完整连贯，不能用肘或手腕在发球的后程突然加速、加力。

（3）发网前球

发球时用力柔和准确，发出的球最好贴近球网而过，使球在过网之后，立即坠落，球的落点应在对方比赛场地的近网处。

4.正手矮抛球

（1）正手接抛高球

正手接抛高球是指接球队员以正握拍接抛身体右侧前上方来球的方法。接抛球时，根据来球的方向、速度及时调整站位，将接球点置于身体右侧前上方，持拍臂以肩为轴，向右前方伸出迎球，当球触及球拍后，迅速顺势向后经右后上方、右后方、向右后下方做弧形引化，从身体的右前下方将球抛出。在球入球拍时应从球拍的侧框切入，并从入球点对面的侧框出拍，在球出球拍的瞬间，出球点的球拍侧框应与出球方向保持一致，不要让拍头对向出球方向，注意身体要正，腿和腰要带上力量。

（2）正手接抛低球

正手接抛低球是指接球队员以正握拍，接抛身体右侧前下方来球的方法。

接球队员正握拍，接抛球时，根据来球的方向、速度及时调整站位，将接球点置于身体右侧前下方，持拍臂以肩为轴，向右前下方伸出迎球，当球触及球拍后，迅速顺势向右侧后45°方向做弧形引化，经右前上方将球抛出。在弧形引化过程中动作要连贯，入球时全身协调拉上力量，在球出球拍的瞬间，球拍的侧框对向出球方向。

5.反手矮抛球

（1）反手正握接抛高球

接球队员以正握拍方法，在身体左侧按逆时针方向完成弧形引化动作，即为正握拍反手接抛高球。接抛球时，根据来球的速度和落点及时调整站位，将接球点置于身体左侧前上方，持拍臂以肩为轴，手臂外旋，拇指在下四指在上，向左前上方伸出迎球，球拍的边框对着来球。当球触及球拍后，双脚蹬转，使力集中在腰部，由腰带动持拍臂向左侧后下方做弧形引化后，将球由左前下方向前抛出。

（2）反手正握接抛低球

接球队员以正握拍方法，在身体左侧按顺时针方向完成弧形引化动作，即为正拍反手接抛低球。根据来球的方向、速度及时调整站位，将接球点置于身体左侧前下方，持拍臂以肩为轴，向左侧前下方伸出迎球，持拍手拇指在上，四指在下，当球触及球拍后，使全身的力集中在腰部，以腰带动持拍臂向左后上方做弧形引化后，将球由左前上方向前抛出。

6.体前平弧球

体前平弧球是指接球队员在体前用水平弧形引化方法的接抛球技术。体前平弧球可用正握拍，也可用反握拍。由于它的引化动作是有支撑点无实体轴的运动，虽然动作缺少力量，但是变化非常丰富。

（1）正拍右拉球

接球队员正握拍，将接球点置于体前偏左侧，小臂外旋，向左前下方伸拍迎球，球拍的侧框对向来球方向，拍面要与地面垂直，拍头对向地面。当球入球拍后，迅速在体前向右侧做水平弧形引化，并将球在身体右侧择向抛出。

（2）正拍左拉球

接球队员正握拍，将接球点置于体前偏右侧，小臂内旋，向右前下方伸拍迎球，球拍侧框对向来球方向，拍面要与地面垂直，拍头对向地面。当球入球拍后，迅速在体前向左侧做水平弧形引化，并将球在身体左侧择向抛出。

二、体育舞蹈

（一）体育舞蹈的简介

各种舞蹈都起源于原始舞蹈，体育舞蹈也不例外。体育舞蹈的发展过程经历了原始舞蹈—公众舞—民间舞—宫廷舞—社交舞—新旧国际标准交际舞等发展阶段。体育舞蹈的前身就近来说是社交舞，也称交际舞、交谊舞、舞厅舞和舞会舞。

（二）体育舞蹈的姿势与手的作用

1.姿态与体位

交际舞的姿态和体位通常有合对位、骈位、同向位、影位、同足侧位、分对位等几种。

合对位又分为稍分合对位、微贴合对位、右腰相接合对位及左腰相接合对位。合对位大都属于常握、面对的姿态。

常握要求体直、平足，稍挺腰，微收下颚，双目向前平视。男子右前臂自然斜垂，右手掌心朝里扶在女子左肩胛下，左手握着女伴的右手，手臂在肩膀稍低的位置伸出成一弧形，两肩保持平行，头稍偏向左。女子举右手随男握，右肘自然下垂于右肩斜前方，左手轻扶在男子右肩臂处，手指合拢。如果是微贴，女子胸部以下与男子保持适当的微贴，头部稍向后仰。合对位多用于华尔兹、狐步和快步舞等。伦巴、恰恰、桑巴如果用合对位时，男子右手不变，左手向上举至与眼高，左前臂与身体平行，左手的拇指和食指握女子右手。如果跳牛仔舞，则男左女右两手互握与腰高，臂稍弯。

骈位有分骈位、反骈位、倒骈位和反倒骈位。骈位常握，男子身体右侧与女子左侧微贴，双方成V形。斗牛舞采用常握骈位及反骈位时，男子右手位于女子左臂，骈位时左手与女子右手互握降至与胸高的位置，臂稍弯；反骈位时升至头高，以表现斗牛的气氛。探戈常握基本同狐步，稍有不同的是，女子左手位于男子右臂后面，身体稍偏向男子的右侧，头向不一，各随所好。

2.手的位置和作用

在舞程进行当中，转身、前进、后退都是由男子暗示女子来配合的。

一般跳舞者都知道，男子的左手是向左上方伸出，与女子的右手相握。而女子的右手原则上是以男子伸出之手的高低为依据。两手相握只是一种姿态，女子应依靠自己的力量维持这一姿态，而不应将全部重量依靠男子支持。不然，男子会感到吃力而影响了舞步，而且对于女子的姿态美也是有影响的。

通常，女子的左手都是放在男子的肩部（当然也有其他一些姿态，如拉丁舞之类就例外）。放在男子肩上的左手其实也有暗示的作用。在某些舞步中，男子的舞步有时是需要后退的，这时候如果身后有其他的舞伴而男子不知道，就很可能会发生碰撞。女子暗示的方法，就是利用放在男子肩上的左手轻轻地按一下男子的肩膀，男子得此暗示，便知道身后舞程线上有人而中止后退。

3.开步时应注意的问题

在舞程中任何一步的开始，除了某些舞步特殊，一定要做到脚到人到，身体的重心始终维持在两腿上。

所谓脚到人到的意思，是指当跳舞者在舞程中开步时，不论是左脚或右脚开动，一移动两脚中的任何一脚，身体就应立刻随之移动，不应该有脚已经伸出，而身体尚未移动的情形出现。当开步时，人的整个身体应该保持“大”字形。大字的上一点代表人的头部，横的一划代表两手，下面八字形是代表两脚。在这个大字中，我们可以看到，身体的重心始终在身体中央部分，一开步时，身体就立刻跟着移动。假如脚步先于身体而动，则如一个“卜”字形；如果身体先动而脚步未到，整个身体的形态前俯，便如一个“入”字形，这些都是不正确的，这一点应该特别注意，初学者最容易犯这两种错误。

三、瑜伽运动

（一）瑜伽概述

瑜伽是梵语“Yoga”之音译，产生于公元前，是人类智慧的结晶。健身瑜伽是一种老少皆宜、安全有效的运动，不仅能调节全身，而且能增进心理与生理的健康。瑜伽起源于印度，是古代印度哲学弥漫差等六大派中的一派，已有5000多年的历史。瑜伽是梵文词，意思是自我和原始动因的结合或一致。从广义上讲，瑜伽是哲学，从狭义上讲瑜伽是一种精神和肉体结合的运动。现在一般讲瑜伽，是指锻炼身体的健身方法，用来增进人们的身体、心理和精神的健康。瑜伽的渊源十分久远，在有文字记载的历史开始以前，它就已经存在了。在中国，真正的瑜伽师和练瑜伽的人并不多，仅仅是近几年，瑜伽才走进健身房，开始被大众熟悉。

（二）瑜伽基本理论与技术

1.呼吸

在瑜伽理论中，瑜伽学者们常常形容呼吸就是吸取生命之气。“生命之气”就是精气、精力，虽然看不到，但能时时刻刻感觉到。瑜伽呼吸由3个部分组成——吸气、悬息（屏气）、呼气。瑜伽的呼吸方法是一种特殊的方法，称之为“完全呼吸法”。它是同时运用腹部、胸部和肩部三合一的呼吸原则，对呼吸重新调整而达到“调息”的呼吸练习方法。瑜伽呼吸方法大约有10多种，较为简单的也容易为初学者所掌握的有“胸式呼吸”“腹式呼吸”“完全呼吸”“交替呼吸”等。

（1）胸式呼吸法

气息的吸入局限在胸的区域，气息较浅，这种呼吸适宜做针对性较强的动作（比如上背部和胸部的动作）。

方法：呼吸时，意识集中于肺部，缓缓吸气，感觉自己的肋骨向外扩张，气息充满胸腔，保持腹部的平坦；缓缓呼气放松胸腔，将气呼尽。

（2）腹式呼吸法

气息的吸入局限于腹部的区域，气息较深，横膈肌下降得较为充分。方法：呼吸时，更多关注腹部，缓缓吸气，感觉腹部被气息充分膨胀，向前推出，胸腔保持不动；缓缓呼气，横膈膜上升，腹部慢慢向内瘪进。

（3）完全呼吸（胸腹式呼吸）法

它是瑜伽练习中最常用的呼吸方法，是胸式呼吸和腹式呼吸的结合。方法：呼吸时，缓缓吸入气息，感觉到由于横膈膜下降，腹部完全鼓起；随后，肋骨处向外扩张到最开的状态，肺部继续吸入氧气，胸腔完全扩张，胸部上提；吸满气后缓缓地呼出，放松胸腔，将胸部的气呼出，随后温和收紧腹部，腹部向内瘪进去，感觉肚脐去贴后背，将气完全呼尽为止。

2.静思与冥想

瑜伽集体位法、呼吸法、冥想法三者融为一体，达到身心合一的完美境界。瑜伽中的静思与冥想是现代人可以利用和学习的一种与自我心灵对话的方式。瑜伽冥想的目的在于获得内心的和平与安宁，达到无限的精神之爱、欢乐、幸福和智慧。当在练习瑜伽体位法时，每个动作完成后的静止过程中，闭上眼睛，配合缓慢深长的呼吸，用心体会动作刺激身体的所在部位，即从姿势的名称联想相应的图像。冥想是真正意义上的“寻找自我，认识自我”的方式。

注意力集中于呼吸，就是仔细观察和感受呼吸的过程，在任何情况下都不改变呼吸的节奏，也可把注意力集中在每一次呼气上。

注意力集中到某一物体上。将一支点燃的蜡烛、一枝花或者是一块带条纹的石头等，置于身前不远的地板上或者放在与视线等高的地方，把注意力集中在其上，当注意力分散时，重新把注意力集中到这些物体上。也可闭上眼，脑子里默想着烛焰、花或石头的样子，直到它们逐渐从脑海里消失。然后睁开眼睛，再一次凝视眼前的蜡烛、花或石头。

3.松弛法

瑜伽松弛法又可称瑜伽休息术。它对身体有莫大的神益，可使大脑、心脏、自律神经系统和肢体得到深度的休息，令身体得到“充电”而恢复活力。正规的放松应该是一种主动、清醒、意念集中的放松，这样才会有松弛的感觉。

双眼轻闭，采取仰卧姿势，将双腿分开20～30厘米，双臂放在身体两旁，两手掌心向上，让膝盖和脚趾自然。

深呼吸，让手臂和腿部轻轻往里和外转动几次，头部也轻轻转动几次，然后停止身体的一切动作，去感受身体的放松状态，开始让身体有融化的感觉，每一次吐气都感觉身体不断下沉，接下来让意识从下往上慢慢放松身体的每一个部分，做缓慢、平静的呼吸。

放松每一个脚趾、脚背、脚底、脚踝、小腿、膝盖、大腿、髋部，随着吐气的动作，放松腰部，感觉身体下沉；再继续让意识上行，放松肋骨、胸部、心脏、肩膀、上臂、下臂、手肘、手腕、手掌、手指；继续调匀呼吸，开始放松颈部、下巴、脸部肌肉、嘴、牙齿、舌头、鼻子、眼皮、眼睛、眉心、前额、太阳穴、头顶、后脑勺、整个头部；接着放松整个身体的背部：上背、中背部、下背部；放松整个脊柱；放松腰部大腿、膝盖和小腿的后侧。整个身体每一部分都变得十分放松，呼吸也随之越来越放松、越来越稳定。可根据自身情况反复2～3次，直至身心完全平静、放松。

最后慢慢睁开眼睛，从右边侧身起，结束。

第二节　高校有氧运动项目的科学化训练

一、有氧运动的基本知识

（一）有氧运动的概念

从本质上来讲，有氧运动指的是长时间开展的运动或耐力运动，能够有效地、充分地袭击练习者的心、肺，也就是练习者的血液循环系统与呼吸系统，使其心肺功能得到提高，进而保证身体的各组织器官都能够获得充分的营养供应与氧气，使得练习者最佳的身体功能状态得到维持。所以，有氧运动含义中所指的较长时间应该最好保持在超过20分钟，且维持在30分钟至60分钟之间，并且其运动形式应该对于练习者心肺功能的提高能够起到一定的促进作用，常见的运动形式有步行、慢跑、原地跑、骑自行车、游泳、有氧健身操，等等。而短跑、举重、静力训练或健身器械等运动，一般被称作是无氧运动。虽然它们能够使人的肌肉与爆发力得到增强，但是，之所以说无氧运动的健身效果没有有氧运动理想，主要是因为无氧运动不能够使练习者的心肺功能得到有效刺激。

有氧运动的特性在有氧运动开展的过程中，肌体吸氧量同肌体消耗的氧气量之间存在的关系是大致等于的关系，在运动的过程中只有这样，才能够使练习者始终处于“有氧”的状态下。同时，在时间短与强度高的情况下有一些运动也能够完成。在实际运动的过程之中，练习者吸入的氧气量同其消耗的需求很难相适应，换句话说，练习者肌体内部呈现出“入不敷出”的氧气状态，如果练习者长期处于这种“缺氧”的状态，从事这样的无氧运动，那么十分不利于练习者肌体的健康发展。

有氧运动会消耗肌体的氧气，将一种不至于上气不接下气，但是会有轻微气喘的感觉带给练习者；有氧运动会使练习者不至于大汗淋漓，但是会轻微出汗；有氧运动不会使人感觉到肢体的疲劳感，会舒展练习者的全身。一种好的有氧运动，并不是上肢或者下肢的局部运动，而是一种全身性运动。如果能够在悦耳的、轻松的音乐背景下开展有氧运动，那么对于练习者长时间的投入是有利的，能够促进更加良好锻炼效果的取得。

1.需要较长时间开展的运动

有氧运动是一种需要较长时间开展的运动，最佳持续时间应该保持在20分钟至60分钟之间，而练习者体内的糖或脂肪等物质的氧化为运动提供了所需要的能量。

2.一种全身性的肌肉活动

对于有氧运动而言，在开展时如果练习者肌体全身参加的肌肉越多，那么获得的效果就越好。反之，如果练习者开展的是小肌肉的局部性运动，那么就会导致局部疲劳非常容易发生，直接中断了运动过程，因此，想要持久开展是不可能的。同时，足够的氧气消耗量是很难达到的，更不要说促进血液系统、呼吸系统与循环系统的改善与提高了。

3.具备一定的强度

对于有氧运动而言，应该在某一个特定的强度范围保持，最好是在中等强度、低等强度之间，同时，应该保持20分钟或者是更长的持续时间。

二、常见有氧运动项目的科学训练

（一）健身走

走是人们生活中最基本的运动形式之一，也是人们最早掌握的健身方法。千百年来，长久不衰，原因是它不分年龄、性别、体质强弱，不受场地器材的限制，只要坚持就能强身健体，防治疾病，延年益寿。

1.健身走的锻炼价值

世界卫生组织在1992年明确指出，世界上最好的运动是步行。步行时由于下肢肌肉和肌体许多肌肉得到活动，可防止肌肉萎缩。科学研究表明：坚持的人比一般人腿部肌肉群收缩增多。步行速度越快，时间越长，路面坡度越大则负担越重，表现为心肌加强收缩，心跳加快，心输出量增大，这对心脏是个有效的锻炼。医学家认为，一般人一天之内行走不应少于60分钟的路程，相当于5千米。每天步行少于1小时的男子，心脏局部贫血率比每天步行1小时以上的男子高出4倍。

饭前饭后，不仅能增加食欲，促进消化，而且还能有效地防治糖尿病。唐代著名医学家孙思邈说：“食毕当步行”“行三里二里，及三百二百步为佳”“令人能饮食无百病”。现代医学证实，步行能提高肌体新陈代谢率。糖尿病患者徒步旅行一天，血糖可降低60mg。轻快散步还可以缓解神经肌肉紧张，改善大脑的血液循环，因而可有效地发挥脑细胞功能。

2.健身走的基本技术

健身走看似简单，却蕴藏着巨大的学问。掌握健身走的基本技术，形成正确的走姿，可以有效地增强体质和健美形体。

走路时头要正，目要平，躯干自然伸直，沉肩，胸腰微挺，腹微收。这种姿势有利于经络畅通，气血运行顺畅，使人体活动处于良性状态。

步行时身体重心前移，臂、腿配合协调，步伐有力、自然，步幅适中，两脚落地要有节奏感。

步行过程中呼吸要自然，应尽量注意腹式呼吸的技巧，即尽量做到呼气时稍用力，吸气时要自然，呼吸节奏与步伐节奏要配合协调，这样才能在步行较长距离时减少疲劳感。

步行时要注意紧张与放松、用力与借力之间相互转换的技巧，即可以用力走几步，然后再借力顺势走几步，这种转换可大大提高走步的速度，并且会感到轻松，节省体力。

步行时，与地面相接触的一只脚要有一个“抓地”动作（脚趾内收），这样对脚和腿有促进微循环的作用。

步行快慢要根据个人具体情况而定。研究发现，以每分钟走80～85米的速度连续走30分钟以上时，防病健身作用最明显。

3.健身走的方式

（1）自然步法

自然步法分缓慢走（每分钟60～70步）、普通走（每分钟70～90步）和快速走（每分钟90～120步）。缓慢走和普通走适用于一般保健，每次30～60分钟。患有冠心病、高血压、脑中风后遗症或呼吸系统疾病的老年人应减为每次20～30分钟。快速走适用于一般健身，每次30～60分钟。因快速走运动强度稍大，故适合需增强心脏功能者和减肥者采用。

（2）摩腹散步法

摩腹散步法即在散步时，两手柔和旋转按摩腹部，每走一步按摩一周，正转反转交替进行。我国传统保健将之列为腹功，认为“两手摩腹移行百步除食滞”，此法可促进胃液的分泌和胃肠道的蠕动，有助于防治消化不良和胃肠道疾病。每天坚持摩腹散步，对保持优美形体和消除腹部脂肪也有良好的效果。

（3）倒行法

预备姿势立正、挺胸、抬头、平视、双手叉腰，拇指向后，按腰部的“肾俞”穴位，其余四指向前。倒行时，左脚开始，左大腿尽量向后抬，然后向后迈出，全身重心后移，前脚掌着地，重心移至左脚，再换右脚交替进行。为了安全应选择场地平坦，周围无障碍物的地方进行。

由于日常生活中躯体向前活动量超过向后的活动量，加上躯体俯仰活动不平衡，背伸活动较少，因此人体易形成姿势性驼背和四肢关节功能障碍以及腰肌劳损。而倒行法锻炼能使腰部肌肉有规律收缩或放松，有利于腹部的血液循环改善，加强腰部组织新陈代谢。长期倒行锻炼，可以防治腰肌劳损、姿势性驼背，有利于保持人的形体健美和增强运动能力。

（4）摆臂步行法

以每分钟60～90步步行，两臂用力前后摆动，可增进肩部和胸廓的活动，适用于有呼吸系统慢性病的患者。

（5）竞走法

躯干保持直立或稍向前倾，两臂弯90°左右，配合两腿前后摆动。先脚跟着地然后滚动全脚掌落地，膝关节要伸直。脚落地后，身体顺惯性前移，当支撑腿垂直地面时，摆动腿大腿向前摆，小腿随大腿向前摆出，此时摆动腿带动同侧髋关节向前送出。竞走法适用于中青年人，可增强人的耐力和关节灵活性，也可用于散步之间进行短暂调剂，以减少因长期用一种姿势走路而造成的疲劳，增加健身走的乐趣。

（6）爬楼健身法

大步地登跨楼梯，可使大腿肌肉得到充分的锻炼；用脚掌轻快地逐级快下，可同时锻炼左右脑；小步匀速地上楼，可使上肢、腰、背、腿部等关节参加运动，促进心率加快，肺活量增大。

登楼梯是一项较激烈的有氧锻炼形式，锻炼者需具备良好的健康状态，一般采用走、跑、多级跨越和跳等运动形式。锻炼者可根据自己的身体状况和环境条件，选择适合自己的锻炼方法。初练者宜从慢速并持续20分钟开始，随着体能的提高，逐步加快速度或延长持续时间。当体能可耐受30～40分钟时，即可逐步过渡到跑、跳或多级跨楼梯。

此外，对于有氧健身走而言，其基本技术不仅仅存在上述的几种，还有脚跟走法、蹬腿走法、边聊边走法，等等。

（二）健身跑

健身跑是通过跑步有效地增强身心健康的一项群众性健身活动。它虽然不那么吸引人，但确实是最简单、最有效的有氧运动。

1.健身跑的锻炼价值

（1）可以保护心脏

跑步锻炼可以使冠状动脉保持良好的血液循环。长期跑步的人，冠状动脉不会因年龄增长而缩窄，保证有足够的血液供给心肌，从而可以预防各种心脏病。

（2）能够加速血液循环，调整血液分布，消除瘀血现象，提高呼吸系统功能

跑步是一项全身性的健身运动，能有力地驱使静脉血液回流，减少下肢静脉和盆腔瘀血，预防静脉内血栓形成。另外，跑步时加强了呼吸力量，加大呼吸深度，有效地增加肺的通气量，对呼吸系统有良好的作用。

（3）能够增强神经系统的功能，消除脑力劳动者的疲劳，预防神经衰弱

跑步可以调整大脑皮层的兴奋与抑制，也对调整人体内部平衡、调节情绪、振作精神有一定的作用。

（4）能够促进人体新陈代谢，控制体重，预防肥胖症

跑步要消耗能量，促进肌体新陈代谢，这是中老年特别是中年人减肥的好方法。同时跑步也能改善脂质代谢，预防血内脂质过高，可以防治高脂血症。

2.健身跑的基本技术

（1）跑步的姿势

跑步时姿势正确，才能跑得快而省力，上体要正直微前倾，头与上体在一条直线上不要左右摇晃。两臂的摆动除了维护身体平衡外，还能帮助两条腿的蹬地和摆动，加快跑的速度。摆臂时两臂稍离躯干，前后自然摆动；两手自然半握拳，肘关节要适当弯曲，以肩关节为轴，尽量做到前摆不露肘，后摆不露手，并且注意不要低头、弯腰和端肩。两腿后蹬是推动身体前进的动力，后蹬时应积极有力，髋、膝、踝三关节充分伸直，腿的前摆，可以加大跑的步伐，前摆时大腿放松顺惯性向前成自然折叠。

（2）跑步的呼吸

跑步是一项消耗体力比较大的运动。在跑步过程中，要通过肺脏吸收大量氧气和排出二氧化碳。肺的换气量是否充分，呼吸动作是否正确，是疲劳出现迟早的关键。跑步时最好用鼻呼吸，在呼吸深急的情况下，也可用口协助呼吸。呼吸要慢而深，有一定的节奏，一般是两步一呼两步一吸，也可以三步一呼三步一吸。随着跑的速度加快，呼吸深度应加深，节奏加快，以满足身体对氧气的需要。

在进行强度较大的跑步练习时，呼吸频率增加很快，初学者往往会感到呼吸困难，要防止呼吸困难现象的出现，首先要适当安排运动强度和负荷量，要从实际出发，量力而行；其次要注意呼吸动作，调整呼吸节奏和加大呼吸深度。

3.健身跑的方式

（1）慢速放松跑

慢速放松跑较简单，慢的程度可以根据自己的体质而定，老年人或体弱者可以比走步稍快一点，呼吸以不喘大气为宜。全身肌肉放松，步伐轻快，双臂自然摆动。在跑步一开始应注意呼吸的深、长、细、缓，有节奏。运动时间一般以每天20～30分钟为宜，每周5～6次，也可隔1天1次。

（2）变速跑

变速跑就是在跑的过程中，快跑和慢跑交替进行的一种跑法，它适合体质较好的锻炼者。变速跑可根据自己的身体状况随时改变速度。如可慢速跑与快速跑交替，或中速跑与快速跑交替等。随着锻炼水平的提高，逐渐提高变速跑的速度，逐渐增大运动量，以最大程度地发挥健身跑的作用。

（3）跑走交替

此方式适合初学初练者或体弱者采用。通过十几周走跑交替的锻炼，就可以连续跑15分钟，几个月后就可以连续跑几公里了。在跑走交替的锻炼方式中，也可以做一些变化，如可以跑跳交替，即跑一段后跳上3～5次，再跑一段，再跳3～5次。这样可使肌肉关节在长时间的活动中得到休息，可缓解疲劳，同时锻炼弹跳力，也可增加跑步的乐趣。

（4）定时跑

定时跑有两种。一种是每天必跑一定时间而不限速度的跑步。如第一阶段：适应期10～20周，每周3次，每次连续跑15分钟。第二阶段：适应期6～8周，每周3次，每次30分钟；巩固期4周，每周3～5次，每次30分钟。身体允许进行更大强度锻炼的年轻人，还可以每周跑3次，每次45分钟，最长可达60分钟。另一种是限定在一段时间内跑完一定距离的方法，开始时，可限定较长时间跑完较短距离，如在5分钟之内跑完500米。以后随着体质水平的提高可缩短时间加快跑的速度，或延长距离加快速度，以提高速度耐力素质。

（5）跑楼梯

跑楼梯是一种时尚的健身健美项目。医学论证，它既是一项增强心肺功能的全身性有氧运动，又是一项可以灵活掌握运动量、无需投资及男女老幼皆宜的锻炼方法，也是一项日常生活中减肥的健身新招。跑楼梯要求腰、背、颈部和肢体不间歇地活动，肌肉有节奏地收缩和放松，可促进肺活量，加速血液循环，促进代谢和增强心肺功能。

（6）越野跑

凡在公路、田野、山地、森林等进行健身跑锻炼的，称之为越野跑。由于越野跑将运动和自我锻炼结合起来，所以越野跑的健身效果更佳。

第六章 高校足球、网球及田径运动教学与训练方法探讨

第一节 高校足球运动教学与训练方法

一、足球运动的价值

足球运动具有多方面的价值，包括经济价值、文化价值、社会价值、教育价值、健身价值等。

（一）健身价值

足球作为一项体育运动，健身价值是其最为基本的价值属性。在参与足球运动比赛过程中，运动者需要进行多种形式的有球和无球活动，如踢球、接球、运球以及奔跑、急停、转身等，来有效地发展人体的各方面素质。另外，在户外参加足球运动，在大自然的环境下能充分利用各种自然因素，达到增强体质，促进健康的目的。

足球运动对人体健身的作用主要表现在以下几个方面：

对神经系统的作用。在足球比赛过程中，运动员技战术动作要根据对方和本方队员的具体动作随时产生各种连锁反应。经常从事这项运动可以有效地提高神经系统的强度和灵活性以及调节能力。

对呼吸系统的作用。足球运动对人体呼吸系统的作用主要表现在三个方面，即肺活量提高、呼吸肌增强、呼吸深度加大。因为在足球运动中，运动员既有短时间的快速奔跑，又有长时间的慢跑、中速跑，呼吸器官必须加倍工作，所以促使呼吸系统得到改善。

对肌肉骨骼器官的作用。足球运动动作变化复杂多样，经常从事这项运动能使肌肉活动协调性提高、肌肉力量增强、肌纤维增粗、骨干变粗、骨质加厚、骨骼更坚固。

对心血管系统的作用。运动员持续进行足球运动，能使心血管系统的结构

和机能得到明显改善，主要表现为运动性心脏增大，安静时脉搏徐缓，脉搏输出量增多。

（二）经济价值

足球运动作为世界上最具影响力的体育项目之一，发展至今天已经高度国际化、职业化和产业化。这些都使得足球运动不仅可以满足观赏的需求，还可以使许多经济体获得巨大的经济利益和商业价值。

欧美国家的足球产业发展较早，如今已经形成规模，成了他们国民经济的重要组成部分。足球运动以其巨大的影响力和自身价值，促进了足球资源、中介服务等市场体系的形成，并通过彩票、门票、转会、广告、电视转播等形式获得丰厚收入。同时，足球运动的广泛开展，也带动了相关产业的发展，如体育旅游业、体育产品制造业等。

另外，足球运动还造就了一大批狂热的足球球迷，形成了独特的球迷市场。球迷市场的广阔空间可由厂家、商家去开拓，凡是他们开拓出来的用于球场内外宣泄和表现球迷们情感的产品都是球迷所需要的。这些东西不仅活跃了市场，增加了国家的财政税收，而且还促进了足球运动的发展。

（三）社会价值

足球运动的影响已远远超过其自身的竞技运动范畴。从某种角度来讲，足球运动甚至成了一个国家开展体育运动的标杆，成了一个国家的形象，如提到巴西，首先人们想到的就是足球。每当有重大国际比赛的时候，你会很轻易地在有大屏幕的广场或是酒吧、饭馆中看到拥挤的人群，一场比赛的胜利，可以达到振奋民族精神、激发人们爱国热情的作用，它为民族昌盛提供无可比拟的精神力量。从足球运动员角度来说，经常参加足球运动不仅仅是谋生的手段，更是一个增加人与人接触和交往的机会，帮助人更好地融入社会，提高其适应社会的能力。足球还是开展国际交流的重要手段和工具，国家之间可能由于各自具有不同的政治立场、政治态度而发生相应的政治冲突或战争，但当两国的足球队同场竞技的时候，足球就成了各国之间政治、经济、文化交流的一种重要手段和工具。足球比赛可以发展社会交往，协调人际关系，促进国家之间的相互了解，扩大文化交流，增进友好团结，消除隔阂，缓和国际关系，维护世界和平。

（四）教育价值

足球运动以其团队协作性和技战术的复杂性等特点，逐渐被众多学校采纳成为学校体育教学中的主要内容。之所以足球能够作为一种特殊的教育形式，主要是源于它是一项强调集体行为的竞技项目。将其列入体育教学中，可以培养学生的集体主义和团队协作精神，给学生树立正确的自我观和大局观思想，让他们清楚什么时候需要依靠集体的力量，什么时候又要挺身而出作贡献。除此之外，足球运动还可以培养他们勇敢顽强、坚忍不拔、拼搏进取的意志品质，以及养成团结协作、积极向上的道德品质和良好作风。

在足球比赛过程中，球员所表现出的顽强拼搏、勇往直前的大无畏精神能极大地激发本国人民的爱国热情和民族自豪感，具有强大的感染力。此外，足球比赛作为一项对抗性运动，带给人们健康的同时，也可能会使得球员因为不合理的动作而滋生打架、斗殴等不良行为。为此，在进行运动技术教学和协作精神的培养过程中，教练还要注重对学生思想品德的教育，使他们在参与足球运动的过程中能够正确分辨美与丑、好与坏，养成良好的行为准则，自觉遵守社会公德。

（五）文化价值

足球运动已经越发成为一种文化，这种文化不仅体现在球迷文化，也体现在球队的文化等方面。足球作为一种文化，能深刻反映出一个民族或团队的内涵和特点。不同的民族文化也会孕育出不同的足球风格，如德意志人民严谨、细致的性格使他们的足球从来都是讲求整体，且战术纪律严格；西班牙人的性格开放、活泼，因此他们的足球更加注重临场发挥和个人创造力；南美人的开放就更加多添了几分，于是他们的足球就显得更加奔放和无拘无束，并且球员个人讲求技术与个性，自由而热爱美感，这种个性总是出乎对手的意料。由此可见，足球运动具有丰富的民族文化内涵，足球风格的形成是一个民族文化、地域、身体条件、心理、主观追求等因素的综合作用，而民族传统文化则是其最主要的因素。

二、足球人文素养教学

足球是深受大学生喜爱的一项运动，在高校体育改革逐步深化的过程中，高校的足球教学更加重视学生体育核心素养的培养。足球意识是足球学科的重要核心素养，直接影响着学生对足球的兴趣，但高校的足球教学在学生足球意识的培养上还有很多不足之处。高校足球教师要在整个教学过程中有意识地培养大学生的足球意识。

1.足球意识的概念

足球意识的定义在学界并没有统一的定论。李岳进认为足球意识就是经过大脑的思考、认识而积累的经验，足球训练和比赛中的每一个动作都是一次足球意识的经历。陈效科对“足球意识”的定义是：足球运动员对比赛中自己的身心状态和赛场情况形成的一种感觉、知觉、思维、记忆等综合认识的一种心理活动。两位学者对足球意识概念的界定综合起来就是足球意识的概念。足球意识就是足球训练和比赛中通过行为表现出来的心理活动和思维过程。具体来说，足球运动员的体能意识、技战术意识、心理意识和环境意识都可以纳入足球意识之中。大学生足球意识的培养有助于激发大学生对足球运动的热爱，提高大学生的技战术水平，培养大学生的团结协作、艰苦奋斗的精神。足球意识也是大学生的体育核心素养之一，因此，培养大学生的足球意识也就是培养大学生的体育核心素养。

三、高校足球运动的教学

足球运动始终处于不断发展的状态之中，现代足球在我国逐渐普及以后，我国高校足球运动的对抗性日益激烈，技战术水平不断提高，技术动作和战术技巧也愈加复杂。所以今天的高校足球训练比以往任何时候都需要科学合理的训练方法，以适应不断发展的足球运动。掌握足球训练的基本理论，对大学生科学地进行足球训练，提高竞技水平具有重要的指导意义。

（一）高校足球运动教学现状

教学目标、教学内容、教学方法以及教学评价现状，是高校足球运动教学现状的主要表现。

1.教学目标现状

（1）目标缺乏清晰、明确的文字说明

迄今为止，即使现在很多高校的教学目标都会涉及身体素质、技能培养以及相关知识的传授等内容，但是在实际的操作当中却因为缺乏一些相关文字的说明而被忽略，以下两个方面更能说明这个问题。

首先就是缺乏指标性描述，这种描述并不能判定教学任务的完成度，在一定程度上就使得教学目标失去一定的对于教学进程的指导作用。

其次就是对教学的结果没有一个相对明确的说明，师生之间更是不能达成有效的交流，这也会对教学目标的实现产生较大的阻碍作用。

从大体上来讲，足球教学目标包括基本理论知识、身体锻炼方法、足球竞赛规则等方面。但是教学工作也没有具体指明当目标实现之后到底应该怎么做，也就说明这些目标的设置有一定的模糊性。

（2）目标缺乏系统性

目标单一，缺乏系统性，是高校在制定足球教学目标方面的不足。通常，理论教学、技能教学属于足球教学过程的内容。足球教学又可分为三部分，即知识传授、技能传授和思想品质。这些都应被统一在完整的足球教学过程中。

学生与教师在教学过程中要互动好。另外，还要密切结合知识传授、技能传授和思想品质教育，其原因在于，这三者之间有着不可分割的关系，且互相影响。只有做到这些，才能更加顺利地开展教学，否则结果可想而知。为了保证目标更具系统性，应分层次、分阶段地提出目标，并将所有教学目标统一在具体的教学目标下。

（3）实施终身体育教育

目前，许多高校对终身体育教育的重视程度不够高，所以国家提出了新的教学目标。高校足球教学目标设置主要以结合国家意志与教学实际，制定适合的目标体系。突出足球专项的运动特点，应成为制定足球教学目标时的重点。并且，应选择对培养学生终身体育意识的课程标准作为教学目标。

2.教学内容现状

（1）教学顺序不够科学、合理

先技术、后战术，往往是高校足球教学内容的顺序。虽然这种教学顺序体现了由易到难的原则，但无法体现以下几个方面的内容：技术与战术之间的联系；不同的战术对技术的具体要求；足球比赛的实际情景。

由此可见，这种类型的教学内容安排绝对不会让学生产生积极向上的学习兴趣，参与运动的兴致也不会很高，在一定程度上失去了学习与运用的系统性。假如我们长期使用这种方式进行教学，不仅会降低学生的学习兴趣和运动及战术水平，而且还会使得学校的教学计划毁于一旦。

（2）教学内容与教学对象不配套

高校足球运动教学的内容通常情况下都是针对专业足球运动员而言的，一般情况下高校学生对于足球运动的了解程度还不够，直接进行专业的技战术训练，肯定会出现一定的偏差，基于这一点考虑，在进行足球运动教学的时候，应该将足球的技术与战术教学工作进行相应的调整，使其能够与高校足球教学的目标相吻合。

（3）教学内容缺乏趣味性

除了以上两点以外，还有一点需要引起我们的注意，即教学内容缺乏趣味性。在高校足球教学中，其内容往往缺乏趣味性。不容置疑的是，这导致了学生无法积极地学习，使教学质量大打折扣。

3.教学方法现状

（1）缺乏针对性

一直以来，高校足球教学课采用的都是以教师为主的教学方法。显然，这是一个传统的教学方法，已无法跟上时代的步伐，导致学生足球技术的提高变得越来越困难。在这种传统方法下，教师对所有学生的传授方法都一样，做不到因材施教，缺乏针对性，所以无论基础好与不好的学生，其技术水平都得不到提高，应及时改变这种不合理的教学方法。

（2）忽视学生的全面发展

在高校足球教学过程中，不仅要考虑技战术、技能传授，还要考虑学生的身心发展特点和规律，选择适合他们的教学方法。但是，有些教师忽略了学生的个体差异，往往对所有学生采取同一种教学方法。显然，这对许多学生而言是消极的，且收不到很好的效果。所以，教师要根据不同学生的特点来选择真正适合他们的教学方法，帮助他们在足球方面朝着更好的方向前进。

（3）没有充分发挥育人功能

除了以上两点以外，还有一点需要引起我们的注意，即没有充分发挥育人功能。在高校足球教学中，只有选择能够体现育人功能的教学方法，才能使学生真正地喜欢上足球课。然而，如今的高校足球课的教学方法缺少这一点。所以，很多学生都不能主动地投入足球运动之中。

如果妥善处理好足球教学方法与目标、内容之间的问题，那么教学方法就能发挥出最大的作用，充分体现出育人功能，使教学效果得到真正意义上的提高。

4.教学评价现状

在高校足球运动教学现状中，除了教学目标现状、教学内容现状、教学方法现状以外，还有一点需要引起我们的注意，即教学评价现状。下面我们主要围绕教学评价现状进行具体阐述。

实际上，我国目前采用的足球教学评价方式存在很多弊端。仅靠一次课将两项基本技术的掌握情况作为测试的主要内容，无法全面、客观地反映出学生的水平。除此之外，这种评价方式无法反映教师的教学能力。显而易见，这种方式很不科学合理，不存在公平性。

在教学效果评价方面，现行的教学评价体系忽视了学生的特长、目标、兴趣，评价内容、形式过于简单。一些方法可以解决这些问题，即由运动技能单一型评价向综合体育素质评价、终结式评价向过程式评价、绝对性评价向个体相对性评价转变，以及评价方式方法的多元化。

价值判断，应成为对高校足球教学进行评价的重点内容。以往总是以对现象的客观描述与对事实的判断为评价的重点。经过长期的实践，教育工作者都产生了一种想法：它存在局限性。为了避免这种局限性，应结合量化评价与质性评价，并从这两种方法上考虑评价指标体系的确立，从而建立新的评价体系。

总之，我国高校足球教学在不同方面都存在问题，需要广大教师探究解决相关问题的方法，以提高足球教学效果。

（二）高校足球运动训练现状

1.缺乏高水平的足球教师

若想提高高校足球训练的水平，那么就需要高水平的足球教师，这一点是毋庸置疑的。然而，我国大多数足球教师没有那么高的水平，而且缺乏训练经验，这阻碍了足球训练水平的提高。

2.缺乏必要的理论指导

理论指导在一定程度上能够反映出足球运动训练的规律，使学生能够在遵循足球训练规律的条件下进行相应的训练，这对于高校学生快速掌握足球运动的技术与战术具有非常重要的作用。

但不容乐观的一点是，我国许多足球教师没有扎实的足球理论基础，这必然不利于学生训练的顺利开展。同时，高校在提高足球训练理论水平方面，对足球教师还缺乏必要的引导。所以，学生训练水平不会有较快提高。

3.足球竞赛活动偏少

如今，许多高校只注重足球的训练，而忽视了足球竞赛活动的开展。大部分高校高水平足球队往往处于“只练不赛”的状态，这影响了训练的积极性。

4.对课余训练重视不够

除了以上三点以外，还有一点需要引起我们的注意，即对课余训练的重视不够。在我国，许多高校意识不到课余训练的重要性，以及它起到的作用。现今，多数高校依旧以课堂传授为足球教学的唯一手段，而课余训练只是让学生自己训练。这无法提高学生的水平，而且教学效果也不会达到预期效果。针对这些不足，各高校应积极采取措施解决，即在课余时间，多组织比赛来调动学生的积极性。

四、高校足球训练的原则与方法

（一）足球训练的基本理论及一般原则

高校足球训练要遵守足球训练的一般原则，以一套训练的理论作为依据。足球运动有着它自己的客观规律，高校足球运动员也有其自身的实际情况，教师依照这些客观规律和实际情况制定出合理、科学的训练计划，能为高校足球整体的技战术水平、运动员个人身心素质的提高起到积极的作用。实际上，高校足球训练过程是一项从简到繁、从易到难、从量变到质变的积累过程，是一项科学全面的系统工程。高校足球运动员想要达到理想的运动效果，就必须遵守一些基本原则，这些基本原则是人们在长期的足球运动实践中经验的总结，是足球运动客观规律的反映。

因此，要想取得符合预期的训练效果，就要遵循这些原则。经过长期的实践与探索，人们逐渐总结出了高校足球训练的原则，主要包括：适宜负荷原则、区别对待原则、训练与比赛相结合原则、周期性原则等。

1.适宜负荷原则

在高校足球训练过程中，遵守这个原则具有重要意义，因为这能在很大程度上影响着训练的最终效果。适宜负荷原则指的是，在进行训练的过程中高校足球运动员要根据训练要求、训练水平和训练任务，在各个训练环节中科学合理地逐渐加大运动的负荷量，直至达到其所能承受的最大运动负荷量。

在制定足球训练计划时，教师要充分考虑到运动员能承受的适宜负荷原则，既不能因为运动负荷太大而对运动员的身体造成损害，也不能因为负荷太小而失去应有的训练效果。适宜负荷原则要求合理考虑运动员对负荷强度和负荷量的承受能力，以及在不同训练阶段身体素质水平的发展情况，在这个基础上确定合适的负荷。逐渐增大负荷量时，就千万要注意不要违背运动负荷量、负荷强度与恢复之间的科学规律。千万要记住，在训练中增加运动负荷一定要遵循循序渐进的规律，不可一步到位，否则可能会造成不良后果。

2.区别对待原则

这个原则就是要求我们根据运动员的实际情况加以区别对待。在日常训练过程中，教师要充分考虑运动员的身体素质与个人特点，如文化程度、技术水平和心理品质、承担负荷的能力、身体条件、性别、年龄等方面，有针对性地选择训练手段、方法，制定科学的训练任务，合理安排运动负荷。在高校足球运动训练中，这一原则具有很重要的指导作用和实践意义。

具体来说，在训练的过程中，大多数运动员的进步速度是不一样的，而且在训练计划不断推进的情况下，每个运动员的技战术水平和身体素质发生的改变也不尽相同。针对这种实际情况，教师要在训练过程中不断地进行合理、科学的调整。运动员进步速度不同，这主要是由性别、年龄、身高、体重等各种因素造成的，在这些因素不同的情况下，运动员的运动能力自然也呈现出参差不齐的现象。据此，教师针对不同的运动员，要有不同的训练方式，做到区别对待。如果对待所有运动员都采取一刀切的办法，不体现差别，就很难达到训练目标，浪费不必要的时间和资源。

3. 训练与比赛相结合原则

这一原则指的是在高校足球运动训练的整个过程中，通过日常训练与参加比赛及时发现、改进存在的问题与不足，并且日常进行的技能训练要与实际比赛相适应。

足球运动是一项以参加比赛为主要目的的运动，因此，比赛成绩也成了评价足球训练效果的重要指标之一。可以说，足球训练的目的就是比赛。因此，在足球训练的过程中，需要举行、参加一些比赛，以检测训练的效果。在比赛中发现的问题，可以在往后的训练中得到改进，对于个别运动员在比赛中暴露的缺点，可以在往后的比赛中进行有效的针对性训练。因此，将比赛与训练相结合，可以不断提高足球运动员（队）的竞技水平。

4. 周期性原则

足球运动的技术大多需要经过大量的重复练习才能达到熟练掌握、运用自如的境界，足球运动员也需要经过大量的重复训练才能使身体素质不断提高，此外要保障较好的比赛成绩，也需要进行大量的重复训练。进行大量的训练计划，要遵循一定的周期性，按科学的规律执行训练任务，才会取得良好的训练效果。因此，足球运动需要遵循周期性的训练原则。

经过科学的周期性训练，可以全面提高运动员的身体素质、恢复能力、心理状态，以及技战术水平。足球训练的过程往往是呈阶梯式上升的，运动员经过每一个周期的训练，其技战术水平和身心素质应该得到一定程度的提高。每一个周期的训练应该成为下一个周期的基础，为下一个周期提供更高的训练起点。

（二）大学生足球意识的培养

第一，塑造浓郁的足球氛围。浓郁的足球氛围可以激发大学生对足球运动的热爱，培养其浓厚的足球情怀。高校可以通过举办足球比赛，建立足球协会，在校内宣传足球文化等举措创设浓郁的足球氛围。

第二，提高教师的足球素养。大学生的足球情怀与足球教练或者体育教师的引导有很大的关系，足球教师既是对大学生进行足球训练和教学的指导者，他们更是足球运动的热爱者，大学足球运动开展的推动者和足球比赛的指导者以及大学生足球情怀的培养者。因此，足球教师不仅要具备深厚的足球专业理论知识，敏锐开阔的思维，还要有深厚的足球情怀，发展足球运动，以及为国家足球事业培养人才的强烈意愿，从而潜移默化地影响学生，逐步培养学生的足球兴趣。

第三，积极落实国家关于促进足球发展的各项制度。大学生足球兴趣的培养需要国家出台促进足球发展的各项制度。目前，我国政府颁布了《中国足球中长期发展规划（2016—2050年）》《教育部等六部门关于加快发展青少年校园足球的实施意见》《关于深化体教融合促进青少年健康发展的意见》等一系列政策，这些政策的出台对于大学生足球兴趣的培养和足球运动的规范化发展是非常有益的，高校一定要把这些文件落到实处。

第四，宣传足球运动的美。足球的美在于足球的团队意识、竞争意识、规则意识，在于足球的技巧美、技术美、战术美、力量美。只有让大学生亲身体会，欣赏到这种美，足球的兴趣才会在他们的心中生根发芽。足球教师可以通过高级别足球比赛的视频，通过自己富有感情色彩的讲述，通过宣传画、学校的官网、大学生交流的自媒体平台等多渠道宣传足球运动的美，才能让学生产生探究和体验足球运动的兴趣。

（三）高校足球训练的一般方法

1.游戏训练法

游戏训练法就是采用游戏的方式来进行足球训练的方法。游戏训练法可以在训练的同时达到适当休息、减轻压力的目的，因此，这种方法能够最大程度地调动运动员训练的积极主动性，而且在训练中具有愉悦身心的效果，从而在身心娱乐中达到训练目的。多样性与趣味性是游戏训练法需要注意的两个关键因素。这是取得理想训练效果的重要保障。游戏训练法的运动负荷要根据运动员的实际情况的不同而随之改变。

2. 持续训练法

一般而言，持续训练法可以按照训练时间的长短具体细分为短时训练法、中时训练法和长时训练法三种不同的训练方法。针对需要花费长时间、无间断地进行锻炼才能达到效果的项目，就需要持续训练法进行指导训练。需要特别注意的是，持续训练时运动员的平均心率应该在130～170次/分的范围内。

3. 变换训练法

在高校足球训练过程中，变换训练法主要包括变换动作组合、变换运动负荷、变换训练环境等几种训练方法。

运用变换训练法能够有效地提高身体素质训练水平，提高肌体对比赛的适应能力，以及提高运动技术与战术，有利于克服练习时所产生的单调枯燥感，培养运动员的各种运动感觉，对推迟疲劳的出现也有着积极的意义。

（四）高校足球训练的负荷安排

对负荷量做科学合理的规划是提高高校足球运动成绩的重要因素之一。教练员的执教能力往往体现在可以因地制宜、因人制宜、因时制宜地安排训练周期的负荷量。因此，高校足球教练员要对其管理的足球队、运动员进行科学合理的负荷安排。

1. 调控运动训练负荷量的主要形式

"负荷—恢复—超量恢复"是运动训练负荷量的一般规律。教师在结合训练实际的基础上，遵循这个一般规律，就可以对运动训练负荷量进行科学合理的调控。

（1）跳跃式调控

在训练过程中，让运动量有较大的起伏，呈现出波动变化的形式，打破平常训练中保持的动态平衡状态，这种训练方法就是跳跃式调控。跳跃式调控可以让运动员在训练的过程得到超量恢复，使运动员的技术水平和身体素质得到明显提高。不过，跳跃式调控的实行难度较大，普通的训练计划和身体素质一般的运动员不要采用，在赛事级别较高、运动能力较强的运动员身上可以采用这种方式。

（2）阶梯式调控

"上升—保持—上升"的训练方法就是阶梯式调控。这种运动调控方式是使运动量阶梯式上升的一种方式，通常用在赛前训练的运动负荷计划。

（3）恒量式调控

在教师安排运动训练量的时候，在某个训练阶段中，将运动量保持在特定的区域内，运动量不会有太大的起伏，这种训练方式我们就称之为恒量式调控。在进行足球运动训练的过程中，对运动员进行恒量式调控是最为常见的方法之一，教师在对运动负荷进行安排的时候，这种调控方式可以贯穿于整个足球运动训练的过程当中。

（4）波浪式调控

运动负荷呈“上升—保持—下降—再上升”的调控形式就是波浪式调控。这种调控能逐步加大运动负荷，在高校足球训练的各个阶段都可以运用。

（5）渐进式调控

在高校足球训练中经常使用的一种调控负荷的方法是渐进式调控。运动负荷按照一定规律呈现斜线式上升的调控形式就是渐进式调控。这种调控方法在短训练过程中用得最多。

2.训练负荷合适程度的判断方法

（1）依据心理学进行判断

在进行足球运动训练的时候，运动员的心理也会受到多方面因素的干扰，比如参与锻炼的兴趣、能力、情绪、意志以及所能够承受的最大运动负荷等，都会对运动员的足球运动训练产生比较严重的影响。运动员的心理反应都会在实际活动、心理操作和主观感觉中有一定的呈现。比如，在大型赛事前，通常都会有运动员因为压力太大或兴奋过头而无法正常休息。

（2）依据生理学进行判断

运动员的身心特点会在训练过程中随着负荷量、训练强度的变化而变化，其变化规律呈现出一定的特点。具体来说，运动员的脂肪、糖类的代谢过程，以及心率等生理指标，会呈现一定规律的变化。

在足球运动的实际训练中，为了科学地掌握训练情况，有必要对运动负荷做出简便、迅速而且准确的判定。因为心率的测定在实际操作中比较简便，而且心率在运动中也有比较明显的变化特征，所以在判断训练负荷适宜程度的办法中，测定心率是一个被广泛采用的指标。此外，在测定身体代谢变化的指标方面，较为常用的方式是血液检测和尿液检测，但这两者比测心率复杂一些，简便程度比不上测心率的方法，因而应用也没有测心率的方法广泛。

3.训练负荷大小的决定性因素

（1）足球训练的周期节律

足球训练是有周期性的，包括运动能力的提升、各项生理指标的变化、竞技水平的发展变化、心理状态起伏规律等，这些方面都呈现一定的周期性。具体来说，一般在足球训练的休整期，训练的负荷量和训练强度都应该适当减小。所以说足球训练的周期性特点，对训练负荷量的大小有极其重要的影响。

（2）足球专项竞技的需要

足球专项竞技的需要在一定程度上会决定训练运动量的大小，这同时也是足球运动的专项特点以及比赛的机制。足球运动与其他球类运动有着很大的差别，不仅是运动形式上，而且对于运动员的各项要求也与其他球类运动有非常大的差异，所以在进行足球运动训练的时候，其训练方式也与其他球类运动有很大的差距。

足球运动的负荷特点主要体现在负荷的大小、负荷的侧重点两个方面。如果想在训练中取得最好的训练效果，则要按照足球运动的专项特点，科学地规划好训练所需要的运动负荷量。

（3）足球运动员的承受能力

通常情况下，运动负荷越大，经过超量恢复后对运动员身体的训练效果就越好。但凡事都有一个限度，运动负荷也不例外。运动负荷可以逐渐加大，但是不能超过运动员的极限。这个极限就是运动员肌体整体或者局部所能承受的最大负荷限度。

另外，足球运动员的训练水平、健康状况、性别、年龄、心理状态以及上一次运动训练后的恢复状况等因素都会对运动员的承受能力造成一定影响。所以在制定足球运动的训练计划时要根据实际情况而定，依据每个运动员可承受负荷的能力合理确定运动负荷。

4.合理安排训练负荷的措施

（1）根据负荷与恢复的关系合理安排时间

运动员的恢复情况与运动负荷之间往往存在很强的相关性。运动负荷量大、强度高，恢复就相对慢一些；运动负荷量少、强度低，恢复就会快一些。所以在运动训练过程中，要注意合理地安排训练负荷与恢复。要认识到，运动疲劳是会积累的，当积累到一定程度就可能造成过度疲劳而损伤身体。因此，在训练当中合理安排恢复时间是非常有必要的。运动员所能够接受的最大运动负荷能力、足球运动间歇时间的长短以及全面恢复身体机能水平的能力，这些因素都与运动负荷有着直接的关系，同时，负荷的性质在一定程度上也能够决定身体恢复的时间长短。

（2）有针对性地对训练计划进行适当调整

高校足球训练的过程要建立在遵循合理的训练计划之上。如果在训练中受到了干扰，无法按计划完成训练，使预想的训练效果无法达到，这时候就需要针对训练的进展及时进行调整，这样才得以保证训练计划的完成和达到最终的训练效果。

（3）根据实际情况和具体需要对运动量进行合理安排

高校足球训练的每个阶段对于运动量的需求也不一样。每个阶段也都有不同的内容、标准、任务。足球运动员对运动负荷的适应能力可以逐步加强，经过“加大—适应—再加大—再适应”的过程，逐渐增加运动负荷，使训练效果明显增强。经过这样的过程，可以有效地提高运动员的训练水平。制定运动训练负荷计划的时候，必须依据实际情况，以运动员的水平和训练任务为重要参考。

此外，在计划运动训练负荷时起到很好指导作用的规律还有“负荷—恢复—超量恢复”，这一规律能实现合理搭配运动量与恢复的目的，进而获得良好的训练效果。

四、足球训练的方法

（一）足球训练的基本方法

在足球训练中，常用的一般性方法主要有重复训练法、循环训练法、间歇训练法、变换训练法、比赛训练法、心理训练法、模拟训练法、综合训练法等。

1. 重复训练法

所谓重复训练法，指在不改变动作结构和运动量，在相对固定的条件下，对某种动作采用同一运动负荷和相同的间歇时间进行多次练习，以达到增加运动负荷和巩固技能的目的。在足球训练实践中，重复训练法主要是通过同一动作或同组动作的多次重复，经过不断强化运动员的运动条件反射的过程。

按练习时间长短，重复训练方法可分为短时间（不足30秒）重复训练方法（主要用于训练各种基本技术、高难技术的组合练习，以及有关速度素质和力量素质的发展）、中时间（0.5 ~ 2分钟）重复训练方法（主要用于整套技术动作的练习）和长时间（2 ~ 5分钟）重复训练方法。

按训练方式，重复训练法可以分为连续重复训练法和间歇训练法。重复次数不同，对身体的作用不同，对巩固技能的作用也不同。足球训练实践证实，重复训练法有利于运动员掌握和巩固技术动作，使肌体产生较高的适应机制，有利于发展和提高足球运动员的技术水平和肌体机能。

2. 循环训练法

循环训练法要求参与足球训练的运动员根据具体的足球训练任务，把按预先设计的多项活动内容设计成若干个站，在训练过程中使运动员按照一定顺序一站一站地进行练习，运用循环练习的方式周而复始循环往复地进行练习的方法。一般地，开始时先练一个循环，过2～3周再增加一个循环，逐渐增加到3～4个循环，但最多不得超过5个循环。一次循环中应包括6～14个不同的练习，每个练习间歇为45～60秒钟，每个循环间歇为2～3分钟。该方法对刚刚参与足球训练的运动员较为适用。概括来讲，循环训练法的作用主要表现在以下三个方面：循环训练法有利于增强运动员的肌力、增强心肺机能、提高身体素质；循环训练法可消除枯燥感，肌体肌肉的局部负担不重，不易疲劳，能调动运动员的积极性；循环训练法可因人而异地区别对待和解决负荷量问题，避免运动员过度紧张状况的出现。

在足球训练中，科学实施循环训练，要求训练应突出重点，因人而异地确定循环训练的负荷，如赛前训练要以套路训练为主，以基本功和基本动作训练为辅，而素质训练只能因人而异，同时要防止局部疲劳积累而产生劳损。此外，在训练过程中应根据阶段训练任务的变更及时进行调整或变换。

3. 间歇训练法

所谓间歇训练，具体是指重复练习时按严格规定的间歇时间休息后再进行练习的方法。训练中练习间歇时间的长短，取决于训练的目的、训练的强度、训练水平和身体状况。间歇训练法由四个基本要素构成，主要包括每次练习的数量、每次练习的负荷强度、重复次数（组）间歇时间和休息方式。

在超量负荷原理的指导下，足球训练可通过提高每次练习的强度，增加练习的重复次数和调整间歇时间。在规定间歇时间上必须做到科学、合理，训练负荷要符合足球运动员承受负荷的能力，过大或过小都不利于良好训练效果的实现。需要注意的是，参与足球训练的运动员必须在肌体尚未完全恢复时就进行下一次练习。运动员采用间歇训练法参与足球运动训练，不仅能有效地提高呼吸机能，提高肌体糖酵解能力和耐乳酸能力，还能在练习期间及间歇期间使运动员的心率保持在最佳范围之内，有助于改善运动员的心率功能。

4. 变换训练法

变换训练法是指有目的地变换练习负荷、动作组合，以及变换练习环境、条件等情况进行训练的方法。可分为连续变换与间歇变换两大类。

在足球训练中，变换训练法有着非常广泛的应用，如变换动作要求（动作速度、幅度、距离等）、变换动作形式（原地传球、跑动中传球）、变换动作组合（原地接球射门、跑动中接球射门）、变换运动量（同一训练时间不断增加运动量或强度或运动量时大时小）、变换训练器材（用小球门等）、变换训练环境（馆内、露天、气候变化、高原训练）等。

5. 比赛训练法

比赛训练法是指组织竞争性的、有胜负结果的、以最大强度完成练习的训练方法。它包括教学比赛、检查性比赛、适应性比赛等。比赛训练法对于运动员参与足球训练的意义主要体现在以下两个方面：首先，比赛训练法能结合实战提高运动员的足球技术、战术、身体训练水平和心理素质；其次，比赛训练法能够调动运动员参与足球训练和比赛积极性，它可以激发斗志，促进运动员积极向上、克服困难，从而创造优异的运动比赛成绩。

6. 心理训练法

运用心理学的手段来提高运动员参与足球运动的心理素质和运动成绩的训练方法叫作“心理训练法”。心理训练法主要包括运动的语言暗示训练法、想象训练法、表象训练法、放松训练法和生物反馈训练法。心理训练与传统的身体训练、技术训练、战术训练和人格修炼相结合，构成了运动员足球训练的完整体系。

7. 模拟训练法

模拟训练是用一种模型去模拟另一系统，并借助模型，通过训练实践进行方案比较的一种“逐次逼近”最佳化的训练方法。在足球训练中，模拟训练法主要适用于赛前训练。

8. 综合训练法

综合训练法是指把重复训练、循环训练、变换训练等各种训练法结合起来运用的一种综合性训练方法。在足球训练中，各种训练方法并不是单一存在和使用的，因此综合训练法的应用比较普遍。

综合训练可以灵活地调节运动员的足球运动训练负荷与休息，使其更圆满地达到训练要求，从而有效地发展运动员的运动素质，提高其足球运动技术水平。随着科学技术的进步，足球运动训练方法不断推陈出新、日新月异。目前，借助新的科学理论（如系统论、控制论、信息论等），运用新的模式的训练方法被不断提出，并在足球运动训练实践中得到了应用。

（二）足球训练的具体方法

1. 方格法

方格法即在进行训练时，将活动的区域固定在预先设计的方格内。这种训练方法受方格的大小、球门的数量、参加训练的人数等因素的影响。有时在训练时，也会规定特定的规则，如在训练足球技术时，只准在方格内使用一种足球技术。在训练时，教练员可根据实际情况设置训练的目的与任务。

2. 区域法

当球队进行某一区域的战术配合训练时，可采用区域法。根据实战需要，在某一区域开展训练。

3. 移植法

移植法即为在训练过程中，将一些比赛中常用的基本战术配合和打法编制成一种练习手段，在日常训练中进行合理的训练安排。这种方法具有实战性、针对性、创造性的特点。但是，这种训练方法需要教练员具有创新思维和设计能力，对其专业素养有较高的要求。在编制这些训练手段时，不能够“一知半解”，应使运动员明确各战术的内涵特点，这样才能够取得理想的效果。

4. 冻结法

在平时训练比赛中，是教练员为了演示运动员位置利弊而暂时停止练习的一种训练方法。

运用这种方法要特别注意：预先约定信号。例如，两声短哨，表明运动员各自被“冻结”在哨音响起时的位置上，运动员必须停止在原位并保持静立。教练员要对其利弊进行充分讲解，并示范更好的位置。

5. 条件法

条件法也是较为重要的训练方法。在采用一些训练手段时，可附加一些训练条件，使得训练更加具有针对性，或增加训练的难度。往往给练习设置一个特殊要求，练习的目的更突出。例如，在对运动员的快速传球能力进行训练时，就可提出一次触球的要求。但应当懂得条件是人为设置的，有时会脱离实战，所以限制条件的时间不要太长，10～15分钟较为适宜。

6. 计时法

计时法即为对不同的练习给予特定项目的时间限制来进行训练的方法。设置时间限制不仅能够合理利用时间，还能够更好地控制训练的密度和强度，保证训练的合理性。有经验的教练员往往能预先准确地确定练习的时间。一旦练习时发生某些意外情况，也能及时、合理地调整练习时间。

7.对抗法

在训练中采用某一练习手段时，是由攻守两方队员同时参与练习的一种训练方法。这是培养运动员技巧和提高全队整体战术水平的必经之路。在运用对抗法时一般有消极对抗、积极对抗、比赛性对抗三个阶段。在对抗训练过程中，能够使得高校足球运动员对于技战术的理解和运用能力增强，并且对于其自主意识和创新精神也有促进作用。

第二节　高校网球运动教学与训练方法

一、高校网球教学与大学生素质教育的关系

（一）高校网球文化有利于提高大学生的思想道德意识

高校学生是社会中一个素质较高的群体，他们勇于接受新鲜事物，敢于做新的尝试。现阶段高校学生大部分处于健康、积极向上的思想状态中，但也有部分学生从纯粹的理想主义走向务实功利、贪图享乐、崇洋媚外、国家和民族意识淡化；对现实社会政治生活中的一些问题未能充分认识，不能做出正确的判断分析；竞争意识强，团结意识弱；传统道德观念缺失，知行脱节；诚信意识淡薄等。校园体育文化对提高学生思想道德水平具有积极、健康的引导作用。大学生在校园网球文化的感染下积极参与网球活动或比赛，很多学生通过观看网球比赛了解国际观赛礼仪及国外一些人文特点，有利于学生了解和建立客观、正确的国际事物观点。参与网球活动有利于学生之间相互交流和了解，通过相互交流缓解学生偏激观点，以形成良好的心理品质。

（二）高校网球文化有利于提高大学生的身心健康

高校学生体质健康一直是国家非常重视的课题，近年来全国高校都进行体质健康测试，尤其是2014年国家明确了学生体质健康标准后，学生的体质测试每年都如期进行。学生在校园网球文化的熏陶下积极参与网球活动，网球运动能够提高学生的身体素质。首先，校园网球文化下学生练习网球的积极性明显提高，且主动进行网球练习。体育锻炼是以身体活动为主的练习，积极的锻炼动机能够激发学生的身体潜力，有利于学生身体素质的提高。其次，校园网球

文化下网球比赛开展得更加多样化，以网球比赛带动学生进行网球练习目的明确，学生练习具有针对性，网球运动的技战术练习过程中能够明显提高学生身体素质。

（三）高校网球文化有利于提高大学生的职业素养水平

职业是一种社会角色，也是一种责任和义务，大学生的职业素养主要表现为显性和隐性两种。显性的职业素养体现在各种证书上的书面证明能力，隐性的职业素养体现在学生的合作能力、组织能力及团队精神等。校园网球文化氛围对学生职业素养有很强的促进作用，很多高校在网球活动和比赛过程中对比较突出的学生给予发放优秀组织者或裁判证书，有部分高校还给网球练习的学生发放运动员等级证书，在一定程度上承认和促进学生更加积极从事网球运动，同时也提高了大学生的职业素养水平。在校园网球文化的氛围下，学校会经常组织网球锻炼活动和比赛，通过这些活动和比赛，很多学生团队能力、组织能力都得到不同程度的锻炼和提高，尤其在网球比赛过程中学生的团队精神、竞争能力以及责任意识都得到加强。

二、网球运动教学任务、内容

（一）网球运动的教学任务

1. 掌握网球理论知识和技术战术

网球课程的教学内容主要有理论知识、技术、战术三种形态。其中，理论知识是基础，是掌握技术与战术的依据。网球教学就是要使学生在掌握技术和战术的同时掌握相关的理论知识。这三个方面是相互联系、相互统一的整体，在教学过程中切不可分隔开来，要给予同等的重视。

2. 增强体质

身体素质是从事各项体育运动的物质基础，通过网球教学不仅可以提高网球专项身体素质，并且还能丰富健身知识，促进学生身体正常发育和技能的全面发展，为提高体能和运动技术水平打好基础。

网球运动是一项速度快、变化多、对身体素质（如协调、灵敏、爆发力、耐力等）要求较高的运动项目。网球运动的学习可以活跃学生身心，促进身体正常发育，提高身体素质，增强体质。而学生运动素质的提高，为顺利完成技术和战术的学习提供了有力的保证。因此，发展学生身体的协调、灵敏、力量、速度和耐力等素质是网球教学的重要任务。

3.培养意志品质和竞争意识

网球运动是一项个人型的隔网对抗性项目，在高强度的实战中可以培养人的意志品质，而双打又是两个人组成的集体项目，可以培养人的合作精神。通过网球教学，可以对学生进行思想品德教育和专业思想教育，培养严密的组织纪律性，培养优良的作风和竞争意识。

4.树立正确的世界观

网球课程教学是一个培养人才的完整的教育过程，它将政治思想教育、道德素质教育和集体主义教育贯穿在网球课程教学之中，并结合网球运动的特征培养学生顽强的意志和独立思维的能力，从而树立正确的世界观和人生观。

（二）网球运动的教学内容

现代网球教学的对象主要是初学者，因此教学要从最基本的知识技能开始。其教学内容可以根据教学对象和教学目标的不同来自由选择。大多数情况下，教学与训练实际上是一个相互交融、相互统一的整体。教学是训练的基础，训练又是提高运动水平的过程，二者之间并没有本质的区别。所不同的是教学侧重于掌握基本的动作概念、方法和技术规范，是由不会到会的过程，而训练则侧重于技术技能的熟练性和运用能力，是由会到提高的过程。网球教学的基本内容可以分为三个方面：理论知识教学、技术动作教学和战术方法教学。

1.理论知识教学

发展到现在，网球运动教学已经形成了一套比较完善的理论与知识体系。这个体系的主要内容包括教学训练理论、战术实践理论、规则与裁判方法的理论和竞赛组织的理论等，它是学习网球运动必须掌握的教学内容。理论知识的教学有助于技术和战术的学习，是技术和战术学习的基础，学生只有在正确的网球理论指导下，才能正确地从事网球运动的锻炼和比赛。

2.技术动作教学

网球技术动作教学是学生或者网球爱好者初学阶段的主要内容。技术动作的教学包括技术规格、技术动作方法要领和技术的运用方法等内容，为使学生提高和发展技术，教学要强调动作的规范性，使学生打好基本功和技术基础，为进一步学习和提高网球技能创造条件。

技术动作教学可以分为两个阶段：第一，初级阶段。初级阶段的教学内容主要是掌握基本的握拍方法和基本步法，下手发球、发平击球，正手和反手的基本击球。教学重点是处理好手腕、肘、肩的角度和位置，形成正确的动力定型；处理好人和球及击球点的关系（特别是移动后击球）；把握击球的时机；击球时身体的协调用力。第二，提高阶段。提高阶段是在初级阶段掌握技术的基础上进行学习，学习发上旋球和切削球，提高发球的成功率；掌握正手上旋和下旋击球方法，并结合移动完成击球；学习截击球和高压球技术，并能根据场上情况灵活运用。教学重点是处理好人和球及击球点的关系（特别是移动后击球）；把握击球的时机；击球时身体的协调用力。提高阶段主要是击打对方送过来的球，要根据来球的速度和路线，在迅速移动到位后将球击回，并要求回球质量高。

3.战术方法教学

由于网球运动分为单打和双打，因此在技术和战术方面它们存在着一定的差异。在网球单打中，分底线型打法、发球上网型打法和技术全面型打法，所以战术方法的教学会有所不同。而在双打战术教学中，由于站位的不同，其战术又可分为双上网战术、双底线战术和一前一后站位的战术。再者，由于在网球比赛中，没有教练的指导，需要学生独立地去解决场上的问题，所以还要培养学生的独立思考能力。

同技术教学一样，网球战术教学也可以分为两个阶段：第一，初级阶段。主要是首先把球发过网、打到对方的界内，在此基础上，打对方的薄弱环节(反手位)，打对角线，因为过网路线长，过网高度低，成功率较高。第二，提高阶段。主要是学习发球上网、穿越球、底线球等战术，根据自己或对方的发球和回球质量采用合适的战术。

网球是一项个性极强的个人项目，虽然每个人都有自己擅长的不同的战术，但是它们之间却存在着一些共性。因此，在网球战术方法教学中，通过战术教学使学生了解战术运用的基本方法、要点和运用时机。与此同时，还要培养学生的独立思维能力和团队合作精神，使学生掌握技战术运用的精髓。

三、网球运动教学原则与方法

（一）网球运动的教学原则

教学原则：是教学规律的总结和概括，是从事教学活动必须遵循的准则。网球教学过程既要遵循一般的教学规律和原则，又要遵循网球教学特有的规律和原则。

1. 一般原则

（1）直观性原则

在网球教学中，通过学生的各种感官，丰富学生的感性认识，使学生获得生动的表象，从而掌握网球的知识、技术、技能。网球教学中常用的直观方法有技术动作示范、比赛录像、助力和阻力等。通过这些直观教学方法，使学生认清各项基本技术特点，运用范围、动作方法和要领、动作结构和动作之间的相互内在联系，使其建立正确的技术动作概念，进行有意识的模仿。体验动作，达到尽快掌握技术动作的目的。

提示重点：在运用直观方法教学中，应让学生知道看什么和如何看。例如，教师做发球技术示范前，应讲明这次示范先看抛球时手臂动作和两臂的配合，再看击球前的“搔背”动作。截击球示范时，可强调让学生注意看击球点的位置和球拍的运动情况。

讲解正确生动：教师正确地示范，生动地讲解，充分利用动作声像教材的演示特点和作用，对提高直观教学的效果能起到积极的作用。例如，学生初学正手击球技术时，挥拍击球的协调用力不好，在纠正动作的讲解中用日常生活中的一个动作——“用脸盆向远处泼水”为例，让学生去体会发力的动作感觉，会很快解决问题。

（2）循序渐进原则

网球知识技能的学习是一个渐进的过程，技术技能的教学要由浅入深地进行。此外，学到的知识技能还要不断地练习巩固，因此，要采用有效的方法，及时巩固学习的知识。

教学内容的安排由易到难：教师安排教学内容和组织教学时，应由简到繁、由易到难。网球运动的各单项技术动作的安排顺序，一般从正手到反手，再到截击、发球、高压球等。单项击球技术的组织教法，一般是从单人练习到多人练习，从少回合练习到多回合击球，从慢球到快球，从平击球到旋转球，从直线球到斜线球。

教学内容连贯：即便是循序渐进原则也要求教学内容系统和连贯，但对于不同的过程，不能同等对待，应有主有次，有重点和基本，抓住重点，带动全面。例如，正手击球的四个过程中，重点要掌握向前挥拍击球的过程，掌握固定的击球点，控制好击球时的拍面角度。

制定教学计划时考虑前后衔接：教师制定教学计划时，需考虑到各个击球技术动作练习的前后衔接，逐步提高要求。例如，球感、球性练习安排中的对墙和两人不落地颠球，可过渡到连续的接近截击球技术的击球练习。

逐步提高运动负荷：教学中，运动员应逐步提高运动负荷，让身体机能逐步适应。例如，在热身的准备活动时，心率应由低到高，逐步稳定增加；在安排底线击球练习时，击球节奏应由慢到快；两人隔网相互练习时应由近及远，逐渐拉长击球距离。

（3）自觉性、积极性原则

学生是学习活动的主体，而教师则处于主导地位，唯有学生积极参与教学方可成功。因此，在网球教学过程中，必须坚持自觉积极性原则。

引导学生正确认识学网球的目的，学生明确学习网球的目的是准备参加比赛夺取名次，还是一般的健身娱乐，掌握技能，终身受益。

引导学生主动学习，教师要引导学生自我思考、自我控制、主动地去学习。让学生互相观察技术动作，提出问题，挖掘原因，并找出纠正错误的有效方法，然后再纠正自己同样的错误。

（4）巩固性原则

巩固性原则是指在网球教学中，为使学生牢固地掌握网球技术，教师应指导学生进行反复学习和练习，从量变过渡到质变，达到运用自如的程度。巩固性原则是由条件反射强化和消退的理论及人体技能适应性规律所决定的。网球技术、技能的掌握是大脑皮层建立动力定性的结果，如果不及时提高，动力定性就会消退。

（5）从实际出发原则

从实际出发原则是指应根据学生的年龄、性别、体质状况、运动素质基础，以及练习的场地、设备、环境、气候等实际情况来确定教学的任务、内容、组织方法和运动负荷，使学生能够接受并充分、有效地掌握击球基本技术，完成课程的任务。

掌握学生的身体状况：要想掌握学生的身体状况，教师应进行具体调查与分析。在安排和进行网球教学时，教学任务、内容、组织方法和运动负荷，都要符合学生的实际水平和可接受能力，如对少儿选手的教学，要是不重视球感、球性的练习，就直接教完整的击球动作，则会因其对球的判断能力差而很难击中球。再如，一些乒乓球和羽毛球技术较好的青年人，若不注重纠正多余的手腕动作，则很难体会到网球是用脚、用身体的协调用力来打球的，而且还会造成手腕损伤。

合理安排运动负荷：网球运动教学的主要特征是身体练习。学生在承受运动负荷的情况下学习掌握网球技能，同时要促进学生肌能能力的适应性改善。因此，合理安排运动负荷不仅是战术学习的需要，也是促进学生运动素质提高的需要。

考虑学生情况的一般性和特殊性：教师既要考虑到学生情况的一般性，又要考虑到学生情况的特殊性。例如，在学习一般技术动作时，对于运动素质较高的学生，应在完成动作的质量上提出更高的要求；对于运动素质较差的学生，则可采用一些特殊的教学步骤和辅助练习，用来鼓励和提高他们的信心。

2. 专项原则

网球运动有其独特的特点，根据网球运动技能的开放性和隔网对抗性理论和网球教学的实践经验，从认知策略的角度总结出网球教学特有的教学原则。

（1）学习与实战相结合原则

网球技术的对抗性和开放性决定了其教学过程必须把实战对抗能力放在重要地位。从认知策略上来说，技术动作的学习与实战运用相结合发展，符合开放性运动技能教学的规律。学生在习得网球技能时首先建立起在移动中对抗的概念和技术实效的概念，而不是把技术仅视为固定程序的身体操作。从某种意义上来说，从实战中学和在适应中学，是网球技能形成与发展的普遍规律，因此必须把技术动作的学习与实战运用的能力培养发展结合起来。

（2）知觉优先发展原则

网球是以球拍为工具，用球拍击球的运动，场地、器材等要素构成了特有的运动环境。对环境和器具的感知是专门性知觉发展的过程，其中球拍对球的控制能力对网球教学至关重要，教学内常常采用大量的多球练习来优先发展这种能力，以确保技术动作的学习。因此，专门性知觉优先发展是网球运动所特有的教学原则。

（3）个性化原则

技术动作的规范性是网球教学普遍追求的目标，技术动作的规范化是为了达到节省和实效的目的。由于学习者的身体形态、行为习惯、身体素质、智力和网球运动经历等方面存在差异，使得“技术的规范化”的个体表现也存在较大的差别。教学的目的是使初学者通过练习形成符合自身条件的动作完成方式。因此，网球教学要在规范化的基础上遵循技术的个体化原则，容许学生之间存在技术动作上的细微差别。由于个体差异的存在，网球教学必须根据对象的不同来选择不同的教学方法，要照顾不同能力的对象的学习速度，贯彻区别对待原则。

四、网球运动一般体能训练方法

（一）一般力量素质的训练方法

1. 上肢力量练习方法

手持哑铃或轻杠铃片做腕屈伸，腕绕环，手上举、侧举、前平举或侧平举；

手持哑铃或杠铃片做仰卧扩胸或俯卧扩胸；

站姿或坐姿持杠铃做前推举，头后推举、肩后臂屈伸；

体前屈提铃到胸前或做划船动作；

单杠正反握引体向上；

双杠支撑上推；

俯卧撑、击掌俯卧撑。

2. 腰腹力量练习方法

肩负杠铃或手提杠铃做上体屈伸、左右转体、体侧屈；

“元宝”收腹或仰卧起坐；

凳上仰卧起坐或俯卧体后屈，一人扶脚；

斜板上仰卧、两手抱头，连续快速做仰卧起坐；

单杠或肋木上举腿；

沙地跳起抱腿，使大腿紧贴胸部；

坐地双脚夹实心球，做举腿或绕环动作；

双脚夹实心球跳起，将球向前上抛或背后上方抛。

3. 下肢力量练习方法

负重连续快速提踵静力练习（即提踵持续一段时间）；

负轻杠铃半蹲跳、全蹲跳、弓步前进或左右脚交替上板凳；

负大重量杠铃稍蹲起、半蹲起或全蹲起；

脚挂哑铃小腿屈伸；

双手提哑铃在两板凳上做蹲起跳；

同伴骑在肩上做负重深蹲起；

在沙地上两手抱头后做连续深蹲跳；

持续站桩静力练习；

坐姿或仰卧在训练器上双脚蹬杠铃。

（二）一般耐力素质的训练方法

一般耐力是指有机体在有氧供应比较充分的情况下，坚持长时间工作的能力。这种长时间的工作主要靠有氧代谢供能，故又称为有氧耐力。一般耐力练习主要发展心血管系统和呼吸系统的有氧工作能力，以及神经系统的机能调节能力，它的发展可为专项耐力的训练打下基础。

分4~6组的30米的反复跑。

跳绳：跳绳不仅是发展速度、灵敏、协调的良好手段，对发展耐力素质也是相当有效的，如果用3分钟跳绳方法，每分钟80~100次，将有助于发展网球运动员的耐力素质。

3000米跑。

1500米变速跑：直道时全速跑，弯道时慢跑。

越野跑。

跨步跳：在跑道上做计时或计步跨步跳，每组30次；

连续跳高台：在楼梯或看台上做双脚连续跳上高台的练习，跳楼梯时每组次数可达到40次，跳看台每组次数20次左右。

组合练习：在练习过程中可将30米疾跑、30米侧步交叉跑、30米小步跑、30米高抬腿跑组合练习；可将跳起摸高10次、变向跑30米、蛙跳15米组合练习。组合练习一般进行30分钟训练，每周进行1~2次发展耐力素质。

（三）一般速度素质的训练方法

在速度练习中，应该选择在精神饱满、体力充沛、运动欲望强烈的情况下进行，以利于建立快速的条件反射。

1.反应速度练习方法

原地小步跑、后踢腿跑或高抬腿跑，看手势（听声音）快速跑。

行进间小步跑、后踢腿跑或高抬腿跑，看手势（听声音）突然加速跑。

行进间后退跑，看手势（听声音）突然转体向前加速跑。

行进间小步跑，看手势（听声音）变后踢腿跑。再变高抬腿跑，最后冲刺跑。

行进间看手势（听声音）多次往返折回跑。

看手势连续做前后左右快速变向移动。

2.动作速度练习方法

原地徒手挥臂击打高点树叶；

手持轻杠铃片连续快速做正反击球挥臂动作；

原地对墙以高压球挥臂动作扔垒球、网球等。

3. 移动速度练习方法

30米、50米反复跑，100米变速跑；

斜坡向上或向下冲刺跑；

原地快速高抬腿跑；

各种移动步伐连续快速练习。

（四）一般灵敏素质的训练方法

灵敏素质表现的特点是反应快、动作协调准确、应变能力强等。发展灵敏素质的主要方法有以下几种：

十字交换跳：直立，双脚起跳，在地面上做前后左右十字交换跳。交换频率越快越好，15秒为一组。

单腿摆动协调练习：单腿有节奏地跳跃，异侧腿配合做摆动，两臂前后摆动，触摆动腿的脚尖，10次为一组。

跳起空中抱腿：原地双脚跳起，腾空后两腿上收，双手抱膝，下落时还原。

蹲撑直腿交换跳：从蹲撑开始，左右腿依次做直腿交换跳动作，20次为一组。

顺逆跑：一组运动中围成一个圆圈，手拉手顺时针跑（身体半向右转）。反复做，变向做，变向要快，每次20秒。

急跑急停：从篮球场端线快跑至中线急停，原地转身接滑步跑至篮下急停跳起摸篮板。

闪躲跑：画两条平行线，距离30米，每隔6米插一根标枪。练习者站在一线后，听信号后快速跑向另一线并要闪躲跑过4根标枪。可以计时。

模仿跑：二人一组，前后站立，距3米。前者在快跑中做出变向、急停、转身等不同动作，后者及时模仿前者在跑动中做出的各种动作。15秒钟后两人交换进行，30秒为一组。

对墙接球：二人一组，一人面对墙站立，距墙2～3米，身后一人持球（篮球或排球），对墙传出各种不同方向的球，前面人接住球后转体180度传给后面的人。30秒为一组，两人交换进行。

传接球：二人一组，一人向左右前后等不同方向、距离传抛球（篮球、排球或网球），另一人快速移动将球接住传回。二人交替进行，30秒为一组。

多人围成半径为5～8米的圆圈，一名或多名队员在圈内。圈上队员传球，圈内队员抢截球。传球失误的队员与抢截成功的队员换位。

6人或8人为一组，一组再分为人数均等的两队。一个队队员之间向在有界线的场地内互传球，另一个队队员抢截球。抢截成功后相互交换。

跳绳练习：跳绳练习有多种方式，例如多人跳绳、单人跳绳、编花跳、单脚跳、换脚跳、单摇跳、双摇跳等。

单腿跳跃摆腿练习：一腿支撑跳，另一腿前后摆，两腿交换进行。要求双臂上举前后摆，向前摆时触脚面。

各种方向的跳跃练习：向前单、双足跳。向后单、双足跳，旋转180度、360度跳，向侧（左或右）单、双足跳。

（五）一般柔韧素质的训练方法

柔韧性是人体各关节活动的幅度大小，肌肉和韧带伸展的长短及弹性的大小等。缺乏柔韧性，则动作显得僵硬欠协调，甚至难以完成一定难度的技术动作，良好的柔韧性还能减少运动中的损伤。发展柔韧素质的一般方法主要有以下几种：

跪姿压肩：并脚跪立，两臂向前伸直，手扶地做下振动作，数次下振后压肩至极限后静止15~20秒。应逐渐加大幅度。

分腿半蹲转肩：两脚并立宽于肩，屈膝外展成半蹲，两手扶膝盖，向左转肩90°，还原后再向右转肩90°，左右反复练习，要求两腿静止不动，转肩要充分。

双人压肩：二人面对分腿站立成体前屈，两臂各搭对方的肩上，一起做上提同时下振动作，也可做左右侧压肩动作，要求腿不能弯曲。

扩胸振臂：两脚开立，两臂胸前平屈，手心朝下用力后振，然后两臂前伸，手心向上翻转，用力向两侧后振，反复练习，逐渐加大振幅。

上下振臂：两脚开立，一臂上举，另一臂下举做同时用力后振动作，两臂交换练习，反复做，逐渐加大振幅。

并腿体前屈：两脚开立，两手抱住踝关节，上体下振，振到一定程度时，上体贴住两腿停留15秒，要求两腿伸直，逐渐加大振幅。

体后屈：两脚开立，上体后屈，脚跟提起，双手触及后跟后还原成直立，反复练习，后屈时挺腹，注意保持身体平衡。

体侧屈：两脚开立，两手腹前五指交叉翻掌上举，同时重心侧移，一腿站立，一腿脚尖侧点地，上体侧屈做侧振动作，振到最大幅度时静止15~20秒。左右侧交换练习，侧振时直体不得屈。

前弓步压腿：两腿成前弓步姿势，两手扶膝，身体下振，数次后换腿再做，两腿交替进行。要求后腿充分蹬直，脚后跟不离地，上体保持正直，逐渐加大振幅。

侧步侧压腿：左腿伸直，右腿全蹲，两脚掌全着地，左手按左脚背，右手位于两脚间，做下振动作，然后两腿交换练习。侧伸腿要直，逐渐加大振幅。

体前屈：运动员站在条凳上，双手向下尽量下移。腿不能弯曲，脚尖的延长线为水平线，低于脚尖水平位置为正分，高于脚尖水平为负分。当双手各下伸够到最大限度时，要保持5秒钟的时间。

五、网球运动专项体能训练方法

（一）网球专项力量素质训练的方法

在网球比赛中，各种技战术要以全身协调用力动作来完成。因此必须协调地发展全身各部肌肉力量，只有有强劲的肌肉力量作保证，在高速度的网球比赛中，高超的技战术才能得到充分的发挥。对网球专项运动员发展专项力量应以增强肌肉力量和爆发力为目的。

1.哑铃练习动作

哑铃练习动作主要用于发展上肢力量。上肢力量在网球运动中起着决定性的作用。

（1）哑铃屈肘旋臂

动作方法：两脚开立稍宽于肩，双手持哑铃置于体侧，两手同时做内旋和外旋动作（两臂保持弯曲）。在练习时还可以变换练习手段，如两臂交叉做内外旋，同时还可以向体侧或体前边举边旋。

动作用途：用于发展手臂的旋力，在网球活动中对改变球的路线有着很重要的作用。

（2）仰卧哑铃头上胸前举

动作方法：仰卧在长条凳上，双臂弯曲与肩同宽置于头上方，双手手心相对持铃。两臂由头上反复向胸上方举起至臂伸直，上举时双臂同时内旋，还原时双臂外旋。

动作用途：发展上臂力量，有助于大力挥拍，对发球和大力扣杀有重要作用。

（3）仰卧哑铃飞鸟

动作方法：仰卧在长条凳上，双手持铃置于体侧，双臂反复由体侧举至胸前上方。上举时可加内旋，下落时可加外旋。

动作用途：有助于上臂内收力量的增加。有利于侧身击球，配合手腕动作，有助于加大上旋球的速度。

（4）俯卧哑铃飞鸟

动作方法：俯卧于较高的长条凳上，双手相对持铃垂于凳下，两臂尽可能大幅度地外展。如此反复做如同“飞鸟”。在外展时两臂可以有意识地外旋。

动作用途：有助于增加击打反手球的力量。如果配合好腰部力量会有更佳效果。

（5）旋臂外举

动作方法：两脚开立稍宽于肩，双手持哑铃手心朝下屈肘，置铃于上腹前，两臂交替做旋臂外举动作。

动作用途：该动作可加大击反手球的力量，同时手臂的外旋与上举可以增加反手球的上旋。哑铃练习的特点是哑铃重量较轻，练习的次数相对较多；组数适当少些，速度快些。

以上的哑铃练习，每一个项目做15～20个为一组，选择可做15～20个极限动作重量的哑铃，每个动作做3～6组。

2.杠铃练习动作

杠铃练习选择的内容较多，这里以分组的形式，采用了不同的搭配方法，选择几组练习。

（1）第一组练习

①直立颈后臂弯举

动作方法：两脚自然开立，双手反握杠铃，屈臂将杠铃置于颈后，以肘关节为轴，反复屈伸。

动作用途：发展该部位的肌肉力量，可以提高动作的隐蔽性，在动作较小的情况下击出角度较大，力量较强的球。

运动负荷与基本要求：该组练习一般选择可做8～12次的重量，每个动作可做3～6组。注意循序渐进。

②俯身提拉

动作方法：两脚自然开立，俯身双手正握杠铃，腰部保持紧张，控制好腰部和下肢使之保持稳定，抬头前视。双臂上拉贴胸，然后下落，反复进行。

动作用途：俯身提拉的练习用于发展背阔肌和三角肌后束肌肉，可以提高大臂反手用力的能力。

运动负荷与基本要求：该组练习一般选择可做8～12次的重量，每个动作可做3～6组。注意循序渐进。

③俯卧提拉

动作方法：俯卧于长条凳上，将杠铃置于长凳下方，反复上下提拉。

动作用途：俯卧提拉的练习用于发展背阔肌和三角肌后束肌肉，可以提高大臂反手用力的能力。

运动负荷与基本要求：该组练习一般选择可做8～12次，每个动作可做3～6组。注意循序渐进。

④直立体前直臂上举

动作方法：两脚自然开立，双手正握持杠铃于体前。直臂将杠铃举至头上方。反复练习。

动作用途：直立体前直臂上举练习用于发展背阔肌和三角肌后束肌肉，不仅可以提高大臂反手用力的能力，还可以提高反手扣杀的能力。

运动负荷与基本要求：该组练习一般选择可做8～10次，每个动作可做3～6组。注意循序渐进。

⑤仰卧绕头胸上举

动作方法：仰卧于长条凳上，双手持杠铃于头后。屈臂慢起置于胸前向胸上方举起，臂伸直，然后还原。反复练习。

动作用途：仰卧绕头胸，上举练习用于发展背阔肌和三角肌前束肌肉，可以提高大臂正手和向下扣杀的能力。

运动负荷与基本要求：该组练习一般选择可做8～12次，每个运作可做3～6组。注意循序渐进。

（2）第二组练习

①杠铃负重蹲跳

动作方法：左右脚适宜的距离站立，双手正握杠铃，将杠铃扛置于颈后，挺胸拔腰。上体保持稳定姿势，稳稳下蹲，利用双膝半屈半伸的作用力，尽可能高地跳起。落地时仍然保持半屈膝的姿势，如此利用膝关节的反复屈伸垂直跳起。

动作用途：该动作主要发展下肢的爆发力，有利于网球运动中的突然起跳，突然启动。

运动负荷与基本要求：一般6～12次为一组，做3～6组。练习时从较轻的重量开始，逐渐增加重量，注意起跳时有一定的速度。上下跳起时注意背部始终挺直，以防止受伤。

②杠铃弓步走

动作方法：双手正握杠铃，将杠铃扛于颈后，挺胸拔腰成大弓步。以尽可能大的步幅向前跨步行进。髋关节离地面越近越好。

动作用途：在网球运动中跨步是很多的。杠铃弓步走的练习就是提高这一能力。

运动负荷：反复行进20步左右，做3～6组。

③杠铃负重提踵

动作方法：两脚自然开立，双手正握杠铃，将杠铃扛置于颈后，挺胸拔腰。踝关节做反复屈伸练习。练习时膝关节可以微微屈伸，配合踝关节。

动作用途：该练习在网球运动中用于提高弹跳力。

运动负荷与基本要求：练习时的负重稍大些，提踵的速度要快些。反复做8～12次，做3～6组。

④提杠铃

动作方法：将杠铃置于体前地上，两脚自然开立，下蹲双手正握杠铃，挺胸拔腰。双腿伸直后将杠铃提起直立，接着将杠铃继续上提经颈前至头上方。

动作用途：该练习用于提高身体协调用力的能力。

运动负荷：选择中小重量，反复做15～20次为一组，做3～6组。

（3）第三组练习

该组练习主要是提高腰背部肌肉用力的能力，以配合臂部用力，加大击球的力量，提高杀伤力。

①杠铃转体

动作方法：两脚自然开立，双手正握杠铃，将杠铃扛置于颈后，挺胸拔腰，双臂置于杠铃杆上。稳住杠铃，做腰部转体动作。

动作用途：配合大力发球，大力扣杀等需要腰部配合的全身用力动作。

运动负荷：反复转体10余次为一组。与下面的“体侧屈”练习交替进行2～4组。

②体侧屈

动作方法：两脚自然开立，双手正握杠铃，将杠铃扛置于颈后，挺胸拔腰，双臂置于杠铃杆上，稳住杠铃后，尽可能大地向左屈，还原后再向右屈。

动作用途：配合大力发球、大力扣杀等需要腰部配合的全身用力动作。

运动负荷与基本要求：左右反复侧屈体10余次为一组。与上面的“杠铃转体”练习交替进行2～4组。练习时注意杠铃片不要脱落。

③俯身起

动作方法：两脚自然开立，双手正握杠铃，将杠铃扛置于颈后，挺胸拔腰，双臂置于杠铃杆，稳住杠铃。身体慢慢前屈，接近90°时再还原。

动作用途：配合大力发球、大力扣杀等需要腰部配合的全身用力动作。

运动负荷：反复练习10次左右为一组，做2～4组。

以上三组练习可以根据自己的体能情况，有选择地训练。开始练习时重量不要太大，一定要注意循序渐进。

3.壶铃练习

壶铃练习可以与哑铃、杠铃练习结合起来做。

（1）坐姿双臂肩上弯举

动作方法：一手扶一固定物，俯身单臂持铃于异侧脚一处，单臂转体加提拉。

动作用途：该动作主要发展腰背部、肩带和臂部肌肉，发展臂部与腰部的协调能力。

运动负荷：左右臂交换反复进行10～15次为一组，做3～6组。

（2）转体抛铃

动作方法：身体坐在椅子上或凳子上，双臂持铃于肩上弯举，注意要控制好大臂，手心朝上，小臂上下持铃运动。另可单臂做，还可双臂交换做。

动作用途：该动作主要发展腕部的控制力和小臂挥摆能力。

运动负荷：左右臂同时进行，也可交换进行，反复10次左右为一组，做3～6组。

（3）弓身单手提拉壶铃

动作方法：两脚开立，上体前屈，伸直双臂持铃置于右脚尖前。两臂用力向左上方抛甩（注意不要把壶抛出），然后还原，反复进行。

动作用途：该练习动作有利于提高击球能力。

运动负荷：10～15次为一组，做3～6组。

（4）壶铃体绕环

动作方法：两脚开立，与肩同宽，两手持铃于体前，持铃臂随身体在头上环绕。该动作使背阔肌、斜方肌，背长肌和腹肌等腰部肌肉都参与活动。左右绕环交替进行。

动作用途：在网球运动中，腰背部配合挥臂的动作很多。壶铃体绕环就是帮助提高这一能力。

运动负荷：左右各10～15次为一组，组数不宜过多。

（5）壶铃蹬跳

动作方法：身体半蹲，两手握住壶铃，然后伸膝展体，屈足用力蹬地，使身体垂直跳起。

动作用途：该动作用于发展弹跳力。

运动负荷：10～15次一组，做3～6组。

以上选择的几个壶铃练习对腰背部配合挥臂的动作很重要，在网球运动中很适用，可以作为主要的练习手段。

4.拉力器练习

（1）体前开胸拉

动作方法：面对拉力器，双手握拉力器手柄，直臂最大幅度的开胸拉后还原，反复进行。

动作用途：该动作用于发展反手用力的能力。

运动负荷：选择能做10～15次的重量为一组，做3～6组。

（2）体侧合胸拉

动作方法：背对拉力器，直臂前拉，还原，反复进行。

动作用途：该动作用于发展正手用力的能力。

运动负荷：选择能做10～15次的重量为一组，做3～6组。

（3）体前下拉

动作方法：身体位于拉力器的下方，屈臂握住拉力器，向下拉至两臂拉直，还原，反复进行。

动作用途：该动作用于发展手臂下压的能力。

运动负荷：选择能做10～15次的重量为一组，做3～6组。

（4）颈后下拉

动作方法：身体位于拉力器的下方，两臂上举握住拉力器，向颈后拉引，两臂弯曲，还原，反复进行。

动作用途：该动作用于发展手臂屈伸的能力。

运动负荷：选择能做10～15次的重量为一组，做3～6组。

5.斜板与垫上练习

（1）斜板仰卧起坐

下仰卧于斜板上，固定下肢，双手交叉于头后，抱头抬起上体，使头尽可能接触脚部。为了加大难度，可以在抬起的同时加转体，用抱头的肘尖尽可能接触异侧的脚，左右转体交叉进行。

（2）斜板收腹举腿

头朝上仰卧于斜板上，固定上肢。收腹尽可能大幅度地举起下肢，为了加大难度，还可以在举腿的同时加转体，左右转体反复进行。

（3）垫上两头起

头朝上仰卧垫上，伸展上肢。用力收腹使手与伸直腿同时在腹前上方接触，反复进行。

（4）俯身背屈伸

俯卧于垫上或腰腹练习器上，固定下肢，双手交叉于头后，抱头抬起上体使头尽可能后仰。为了加大难度，还可以在抬起的同时加转体，头向侧上看，左右转体交叉进行。以上的斜板和垫上练习主要用于发展腰背的肌肉。练习时组数可以适当少些，次数适当多一些。

（二）网球专项耐力素质训练的方法

专项耐力是指速度耐力和力量耐力。速度耐力是指人体在较长时间内，能够保持快速运动的能力。力量耐力是指人体在较长时间内，保持高度用力的能力。在练习时可以采用间歇练习法来发展速度耐力。因为速度耐力练习的特点是练习时间较短、强度大、单位时间内消耗的能量大。

速度耐力的训练，100米跑做3～6组；200米跑做3组；400米跑做2组；

在专项速度练习和专项力量练习时适当增加练习次数；

多球练习，采用规定的球数在规定的时间内进行；

超量实战练习，增加比赛局数或规定较长时间的比赛；

用多球练习，首先判断来球方向再进行快速移动，要重点突出即时速度；

练习者在底线附近，当听到教练的口令开始时从底线冲到网前，再从网前快速后退到底线的练习，直至筋疲力尽；

在30米处设一标志，当队员从起点开始跑到该标志时做急停转身往回跑，可多设几个同样的场地，让队员进行计时比赛；

采用间歇训练法提高速度耐力，如400米×3（间歇6分钟），120米×3（间歇6分钟），60米×8（间歇1分钟）等。

（三）网球专项速度素质训练的方法

在网球比赛中，速度是完成技术和战术的重要条件。网球比赛中的速度包括即时速度、起动速度和各种不规则的直线、斜线跑动速度等。特别是即时速度，是运动员预测到对方来球的方向、速度和落点后，决定怎样还击来球的行动。网球的跑动速度要求起动中变换路线跑动。专项速度训练主要是指动作速度、移动速度和反应速度三种，主要训练方法如下：

前冲与后退跑：站在网球场端线向网前冲跑，到网前后立即后退，向后后退跑。

在一侧球场中间，面对球网左右并步移动。

交叉步跑：在一侧球场的中间，面对球网前后、左右交叉步跑。

垫步跑：在一侧球场的中间，面对球网前后、左右垫步跑。

四角回心跑：在一侧球场的中间，面对球网，依次或看教练员手势向场地四角跑，手或球拍接触角线后立即返回中心。

急停急起跑动练习。

碰线移动：此练习要求练习者步法快速移动，同时改变前后移动方向在网球场地上，从双打边线外5米处开始向前跑，用手碰双打边线—单打边线—发球中线—另一单打边线—另一双打边线—单打边线—双打边线。此练习可两人分别站在自己半场内同时比赛，通过计时来看谁的成绩最好。

20~30米短距离加速跑。

根据信号反应练习：根据同伴发出的口令、哨音或手势，向前、后、左、右各个方向做快速移动，以提高反应速度。

快速挥臂练习：徒手快速挥臂进行鞭打动作（发球的挥拍动作），用“鞭打”动作投掷轻器械（如网球羽毛球、乒乓球等）练习，以提高发球时的挥臂速度，练习时两人对掷或单人掷，然后丈量成绩。

快频率练习：跟随同伴击掌（或击拍器）的节奏，做快频率的原地跳脚练习和高抬腿练习，跟随节奏进行由慢至快或快慢交替进行。

（四）网球专项灵敏素质训练的方法

网球运动的专项灵敏素质的高低是决定和反映技术水平的重要方面，灵敏素质是力量，反应能力、速度、爆发力和协调等素质的综合反应，因此发展网球运动的灵敏素质对于提高运动员的专项水平具有十分重要的意义，以下介绍几种专门发展灵敏素质的练习内容与方法。

1.髋关节的灵活练习

起跳90°、180°、360°转动。两脚左右开立，起跳后髋部转动带动身体做

90°、180°、360°转动。

单脚移动，左脚为轴，右脚向前向后移动；以右脚为轴，左脚向前向后移动。

迈步转髋，髋部向左转动，右腿高抬向左前方迈出，右脚落地时，髋部立即向右转，抬起左腿向右前方迈出。反复进。

交叉步移动跑，两脚前后交替左右方向交叉步跑。

2.小腿与踝关节的灵活练习

快速前后左右提踵跳，该动作在沙地做更好，用最快的速度做15秒左右。

原地两脚交替快速跑，用最快的速度在10～20秒钟完成。

移动练习，并步左右移动；跨步左右和向前移动；交叉步左右和向前移动。

3.手指与腕关节的灵活练习

快速挥动小竹棍（带竹梢），做鞭打动作；

拍起地上的篮球；

一组球拍操。

（五）网球专项柔韧素质训练的方法

1.发展上肢柔韧的练习

肋木压肩拉肩，采用站、坐、仰卧等不同姿势，面对或侧对肋木架，单手或双手握肋木，做压肩或拉肩的练习；

上臂屈伸、内外收展、内外旋、前后绕环；

前臂屈伸、内外收展、内外旋、前后绕环；

手腕部屈伸，内外收展，顺时针、逆时针转动。

2.发展下肢柔韧的练习

摆腿练习，手扶固定物，左右腿轮换，做前后、左右的摆腿练习。

劈叉练习，做这一练习时，要注意循序渐进，开始时手可以撑地，有保护地慢慢下压。

压腿练习，坐在垫子上，两脚分开，身体向前、后、左、右压腿。也可一腿前伸，一腿后屈（跨栏腿），做前后压腿练习。

跪姿压髋，两腿屈膝左右分开跪在垫子上，臀部下坐压髋。

3.发展腰部的柔韧练习

俯卧后仰练习，俯卧于垫上，下肢由同伴压住，上身最大幅度地后仰；

仰卧起坐，可在“腰腹屈伸器”上练习；

俯身起，可在“腰腹屈伸器”上练习。

第三节　高校田径运动教学与训练方法

一、在田径教学中培养大学生的体育人文素质

（一）提高田径体育教师综合素养，正确认知人文素质教育

要在高校田径运动训练中实施人文素质教育，就要提高田径体育教师的综合素养，让教师率先正确认知人文素质教育的重要作用，明确在田径训练课程中开展人文素质教育的必要性。首先，高校体育教师要明确认识人文素质教育的基本概念、含义、内容、渠道，并根据人文素质教育内容调整自身知识储备结构，提升自身思想道德品质，掌握在田径训练中进行人文素质教育的教学手段，并对相应的人文知识教学内容具有深刻理解。其次，高校体育教师要开展人文素质教育，就要承担起引导大学生思维方式、培养大学生优良思想品质的相关责任与义务，严格要求自己，提升自身道德素养与人文素养水平，拓展自身知识范围，丰富自身知识系统，起到榜样作用，成为大学生田径运动训练课堂上的“人文领头人”。

（二）转变田径训练教学结构，丰富田径训练人文精神

要在高校田径运动训练中实施人文素质教育，就要正确认知现阶段高校田径运动训练教学中存在的问题，找出问题的本质原因，转变教学思想，调整田径运动训练课堂教学结构，丰富田径训练教学的人文精神内涵。高校体育教师可以在田径训练的教学环节汇总融入人文素质教育，将单一化的教学结构进行调整，补充更多的体育运动知识、田径运动事件、田径运动起源发展、田径运动的奥林匹克精神，激发学生的课堂学习兴趣，引导学生探索一个全新的、未知的、广阔的田径世界。此外，教师还要重视学生的主观学习感受，增加田径运动教学中的“人性化”因素，引入更多的体育新闻及体育赛事转播，充分调动大学生的学习积极性，寓教于乐，让学生在愉悦的氛围中学习田径知识，获取人文素养。

（三）创新田径训练教学方法，引导学生自主接受人文素质教育

在高校田径运动训练中实施人文素质教育，体育教师还要创新田径训练的教学方法，改善教学方法落后的教学现状，分别从田径运动训练的课堂教学理

念、教学手段、教学活动、教学设计、教学目标等多个角度入手，全方面考虑到学生的现有体育水平、身体素质、兴趣爱好、学习需求、发展方向及接受能力，从而提出更符合学生学习需求、适应学生发展的田径课堂训练教学方法。教师可以充分利用多媒体工具进行体育教学，将田径比赛视频节选、田径赛事经典事件、田径运动训练分解视频、田径运动注意事项等多种知识通过多媒体进行播放、讲解，吸引学生的注意力，引导学生积极主动接受教育，学习田径运动中的人文精神，实现人文教育与体育训练的双重教学目标。

（四）增强师生互动，指导学生形成正确人生观

高校体育教师在田径运动训练中实施人文素质教育，除了要提高自身综合素养、转变田径训练教学结构、创新田径训练教学方法，还要积极进行课堂师生互动，强化师生沟通，建立良好的师生关系，促使人文素质教育顺利开展，指导学生形成正确的人生观、价值观、世界观。教师是学生思想意识形态的引导者和塑造者，高校体育教师要想在田径运动训练中进行人文素质教育，就要积极与学生进行沟通，了解学生的心理状态，倾听学生的学习需求与学习感受，理解学生的情感变化，及时发现学生问题，并以引导、沟通的方式解决学生问题，帮助学生形成良好的心理状态。

二、高校田径教学理论与方法

（一）田径运动教学的特征

19世纪初，世界上出现了最早的体育教学，田径教学便是其中的一项重要内容。至19世纪末期，田径运动教学理论才渐渐趋向成熟。

1. 以现代教育为根本

田径运动教学理论的发展，始终遵循着教育学、心理学的原理。教育学家夸美纽斯在《大教学论》中提出建立学年制、分科教学制以及直观教学、循序渐进等教学原则，为体育分科教学奠定了基础。

2. 田径运动教学与技术相互促进、协调发展

20世纪60年代末期以来，世界田径运动进入加速完善技术的时代，田径运动技术得到快速发展，田径运动的理论与方法也得以不断完善。田径运动技术的更新，赋予了教学理论新的内容和要求。同时，教学理论的发展，有利于培养更加优秀的田径运动人才，促进了田径运动水平的提升。

3.教学手段和方法的发展促进了田径教学的发展

随着现代社会的发展和科学技术水平的提高，教育现代化趋势愈加明显，体育教育也不例外。随着现代体育教育的发展，要求田径教学采用符合各学科特点的教学理论及方法。针对各种学制进行的教学研究改革无疑也促进了田径教学理论的改革与发展。

20世纪50年代初，在学习苏联田径教学理论的基础上，我国建立、发展起了本国的田径教学理论，并用于实际教学中。20世纪60年代前期，我国出现了一段时间田径运动教学的研究热潮，我国田径运动也取得了巨大的突破。

20世纪80年代之后，我国不断吸收外国先进的理论方法，使田径运动教学理论得到了快速、全面的发展，极大地提高了我国田径竞技的水平，使田径运动开始大众化、普及化。

2020年后新课改工作深入展开，如何提高学生综合素质成为广大教师的关注重点，教师应转变教学理念，理论与实践并重，创新教学方式，丰富训练活动，制定个性化教学方案，推动学生的个性化、全面化发展，活跃课堂气氛，改善师生关系，提升学生的课堂参与度，全面提高田径教学质量。

（二）田径运动教学的规律

1.认识规律

通常情况下，人们认识事物都会经历由感性到理性的变化，严格按照“实践—认识—再实践—再认识”的规律。因此，在教学过程中，应根据认识事物的客观规律，循序渐进地进行教学。学生对于事物的认识会随着年龄的增长而不断变化。因此，要根据认识事物的特点进行有目的的教学。

一般来说，学生的感知具有随意性、情绪性，且多是表面的、片面的。他们很容易在听课过程中被别的事物吸引注意力而耽误听讲，或者是理解不到位。因此，教师要针对这一点，努力使教学过程生动有趣，以吸引学生的注意力；同时要使内容浅显易懂，示范动作要标准正确。

学生的思维是具体的，他们虽然可以进行初步分析，但往往只能看到事物的表面特征，掌握的概念也基本是可以直接感知的，因此，教学应采用最直观具体的方法。而对于思维已经得到了初步发展，对于问题的分析、解决能力相对较高，具有分析复杂的技术动作间的联系能力的学生，若采用直观的教学方法反而会束缚他们的思维拓展能力。因此，应采用启发式教学。例如，通过比较跳高和跳远的技术动作，他们能够自主分析、比较两项运动之间的技术异同点。

一般来说，大部分学生善于模仿性的想象，一般是对接触过的事物进行再现性的想象，而有些学生已具有一定的联想能力，能够对一件事物开放性地进行想象、联想。在田径教学中，应注重培养学生的想象能力，更好地掌握动作技能。

在记忆方面，在学习初期学生以形象记忆为主，是形象的、机械的记忆；到后期学生以材料记忆为主，是抽象的、理解的记忆。因此，在田径教学中，教师要根据学生的记忆特点，布置具体、明确的记忆任务，并帮助学生巩固记忆，使新、旧知识相互联系。

学生在听课时往往很难控制自己的注意力，很容易出现注意力分散的现象。因此，教师要采用能使学生集中注意力的讲课方法，内容和形式要新颖、多样化，并且活泼有趣，切忌长时间重复同一练习。随着学生思维能力的提高，学生已经能够自主控制和调节注意力，并能够独立自主地完成一些练习。这时，教师应该着重培养他们系统、规范地掌握技术技能的方法和自主学习的意识和能力。

2.动作技能学习规律

在田径运动教学过程中，学生学习动作技能一般会经历三个阶段。

泛化阶段：学习动作技能初期，无论老师的讲解有多清楚透彻，也只能获得一种感性认识，不能将其完全掌握并熟练运用。在这一阶段，人们经常会因大脑皮层兴奋扩散比较快，发生四肢僵硬、手脚不协调以及动作多余等情况。在这一阶段的教学中，教师应暂时忽略细节，使学生建立正确的动作表象，着重教导动作的主要环节，纠正学生的动作存在的主要问题。

分化阶段：在纠正、练习过程中，学生初步理解动作的内在规律，也消除了动作中的主要问题。此时，大脑皮层兴奋较为集中，分化意识得到发展，能够较为流畅、准确地完成动作，但动力定型不牢固，注意力稍有分散，便又会出现错误动作。因此，这一阶段应注意让学生体会动作细节，纠正细微的错误，保证动作的准确性。

动力定型阶段：反复练习使身体对动作形成条件反射，大脑皮质兴奋与抑制更加集中，达到动力定型阶段。这一阶段，动作准确、优美，甚至会出现自动化。动作不受注意力的集中程度以及外界环境变化的影响。但是，动力定型发展到了巩固阶段可能会消退，因此，学生在学习过程中不能放松，应努力地进行练习，使其变得更为完善、健全。

3.人体生理活动规律

一般情况下，人体机能在参加体育锻炼的时候会随着时间的推移以及运动量的加大而逐渐提高，这一过程可分为三个阶段：一是上升阶段，开始运动时，身体各器官、系统会由平常状态逐步开始向高水平活动上升；二是稳定阶段，人体机能能力上升到一定水平之后，会保持在最高水平上；三是下降和恢复阶段，身体达到一定运动量之后，就会产生疲劳，随之活动能力也开始下降，休息后，再次恢复正常水平。进入稳定状态所需的时间取决于运动强度以及人的年龄、身体素质等多方面因素。一般来说，体育水平高的学生比水平低的学生所需时间更短。因此，在田径教学过程中，要结合学生的具体情况，因人而异地组织安排教学内容，遵循人体机能活动规律，使学生得到充分而不过分的锻炼。同时，应让学生掌握适当的休息方法，减轻疲劳，提高教学效率。

4.身心发展规律

人的身心发展具有阶段性。大部分学生兴趣广泛，但不持久，喜欢刺激有趣的竞赛性练习。因此，在教学过程中应多融入游戏类、竞赛类的教学内容和形式，避免枯燥乏味的讲课和练习。而对于学生自我控制能力较强，自觉性逐渐提高的学生，他们能够理解体育锻炼的意义。因此，教师应注重强化学生的学习动机，引导学生正确认识田径锻炼，采取积极的态度参与其中。此外，也应注意教学方式方法，要符合学生需要，提高学生的主动性和积极性。

此外，学生对体育学习的积极性还受性别、性格、教师等因素的影响。例如，男生多喜欢运动量大、刺激的竞赛性运动，而女生喜欢动作优美、运动量小的运动。因此，教学内容也要充分考虑学生的性别、个性，做到因人而异、因材施教，让每个学生都能充分参与到运动中。

5.项目教学规律

田径运动的性质、强度有较大区别。其中，走、跑属于周期性运动，投掷属于非周期性运动，跳跃则是混合性运动。

短跑：短跑时要注意减少身体重心的晃动，使动作协调、放松。此外，身体上肢与下肢、左侧与右侧等动作幅度均衡。短跑时，处于高度缺氧状态，结束后不能立刻停止活动，否则容易头疼、目眩、恶心、呕吐，甚至陷入半昏迷状态。因此，在短跑教学中应循序渐进，根据学生的身体素质安排合理的训练强度，强调注意事项。

中长跑：中长跑尤其是长跑强度非常大，必然会出现“极点”与“第二次呼吸”现象。“极点”产生后，应继续运动，随着器官恢复活性，供氧量增加，就会进入“第二次呼吸”状态，不适感随之消失。中长跑教学时，要让学生了解会出现的问题以及注意事项，同时根据学生的具体情况，合理地安排跑步距离。而且在实践过程中，可以发现这样一个事实，中长跑训练也有助于学生长跑成绩的提升。在教学实践当中，根据运动科学，合理引导学生在中长跑中分配体力，有助于取得良好成绩。

投掷：投掷注重速度与力量，需要克服器械的重量将其掷出。在投掷项目教学中，要着重锻炼学生的力量以及对力量的运用，使学生掌握助跑与最后用力的结合。投掷类项目的教学一般是先学铅球，然后依次是标枪、铁饼。

跳跃：跳跃项目需要克服自身重力和地心引力。跳高和跳远都属于跳跃项目，但其所需的垂直速度和水平速度不同，因此起跳技术也有所不同。在教学过程中，应注重不同项目起跳技术的区别以及助跑与起跳相结合的技巧。教学顺序一般是先学习跳远，再学习跳高，最后学习三级跳远。值得注意的是，跳跃教学还要考虑当地的气候环境等条件。

（三）田径运动教学的目标和任务

1. 田径运动教学的目标

田径运动教学基本手段是进行走、跑、跳、投等多种身体练习，主要内容是健身性、竞技性及实用性练习项目，主要目标是提高人的运动、生活、生存能力，促进全面健康发展。田径运动教学的总目标是：熟练掌握并运用田径运动相关理论知识和方法技能，具备田径运动教学的基本能力，形成良好的心理素质，提高社会适应能力等。

全面发展田径运动的基本运动能力和生存能力，提高自身身体素质，达到一定运动水平。

培养克服困难、坚持不懈的坚毅品质，团结协作的集体意识以及突破自我的创新能力；提高道德修养，培养自信心、荣誉感和社会适应力，促进身心全面发展。

熟练掌握田径课程各项目的基本理论知识和动作技术，具有一定水平的运动技能。

2. 田径运动教学的任务

（1）提高身体素质

田径运动既能体现身体素质，又能提高身体素质。通过反复练习技术动作，能够达到强身健体、增进健康的作用。田径运动教学要通过锻炼学生的运动技能，提高学生的身体素质和健康水平。

（2）掌握各项目的基本技术

因学时有限，而田径运动项目较多，田径运动教学需要筛选出专项技术进行教学，所以需要让学生学习并熟练掌握其主要的基础知识和技能。选择课程内容时应注意突出重点，避免“样样俱学”，结果收效甚微。通过学习和训练田径运动的基本技术动作，提高学生的体育技能，使学生更加全面地了解和掌握田径运动技术知识。

（3）增强学生心理素质

通过克服在田径运动教学过程中遇到的困难和阻力，培养学生不畏艰难、不怕吃苦、坚持不懈、勇敢果断的精神以及严守纪律、互相帮助、互相学习的优良品质，培养学生的信心，为今后踏入社会打下基础。

（4）提高学生田径运动认识水平

田径运动是最基本的运动项目之一，学生可以通过田径运动教学活动，对田径运动的作用、价值、特征及相关知识及技能有充分认识，进而有利于培养和发展学生的认识能力。

（5）学习相关教学方法

对于田径专业的学生，除了要达到以上要求外，还要熟练掌握并应用田径教学的理论以及动作技术的教学方法，学会制定田径教学课程内容。在实践中熟练运用，为今后发展田径运动奠定坚实的基础。

（四）田径运动教学的内容

1.田径运动教学的基本内容

（1）田径运动教学大纲

前言是田径运动教学大纲总体规划的解释说明，要对制定该大纲的依据以及培养目标、教学任务及要求做出整体概括，使学生初步了解教学任务。

课时的分配：根据教学计划的规定以及田径教学的内容合理地分配课时，尤其要注意理论和技术两部分的课时比重。

教材内容：教材内容分为理论和技术两个部分。理论部分要求教师要结合教材基本内容以及国内外田径运动相关成果、特征以及发展状况等向学生详细讲解基础理论知识，要求始于课本而不止于课本，以此刺激学生的求知欲。技术部分包括各项目的特点、作用、发展概况、国内外的技术异同处、比赛规则、对场地器材的要求、裁判方法等。应明确教学方法和步骤，注意对易错动作的讲解和纠正，重视安全措施。此外应介绍学生学习技术动作的基本特征、教学重点以及注意事项等。

独立作业：为了培养学生独立思考、解决问题的意识和能力，大纲应根据教学内容列出理论部分和技术部分的重点作业，要求学生根据教师在课堂上讲解的内容，自主查阅有关资料，独立完成作业。作业题目应主题明确，符合教学目标及项目发展的最新动态，并明确内容要求及评分方法。学生的评分应计入学期考核。

课堂实习：为了培养学生理论联系实际的能力，巩固基本技能，检验学生听课的效果，教师应在课堂上安排必要的理论课和技术课的实习。对实习的内容、方法、评分标准都应做出明确规定。

成绩考核：田径运动教学的考核要根据教育计划的相关规定以及课程内容、任务等进行。教学大纲要明确规定考核的内容和方法、技术项目的要求、标准以及技术项目的评分标准和方法。除期末考核外，学生的课堂表现、出席情况、课外作业的完成情况等也应计入总分中。因此，教学大纲应明确规定期末考核以及平时表现、课外作业、课堂实习等方面在总考核中所占比例。评定的指标要注意清晰明确、科学合理，内容不宜过多、过细。

（2）田径运动教学的具体内容

田径运动分为竞技性、健身性和实用性三种属性，其教学内容可分为三部分。

基础运动能力：走、跑、跳、投的健身方法与手段；走、跑、跳、投的教学方法与手段。

田径运动技术：理论部分包括田径运动概述、田径运动教学、田径运动技术原理、田径运动器材场地等；技术部分包括跑（短跑、中长跑、跨栏跑等）、跳（跳远、跳高等）、投（铅球、标枪等）各项目的动作技术。

实用技能：越野跑、远足、游戏性或竞赛性运动项目；越野等户外运动。

2.田径运动的教学方法

（1）讲解与演示教学法

讲解法：讲解法是指教师根据教材，通过语言表达来直接传达教学内容，一般与演示法进行结合，进而使学生对田径运动的认识更为直观、清楚。讲解时要注意突出重点难点，清晰明确、有条理，同时要富有技巧和启发性。

演示法：演示法是教师通过教具以及肢体动作将技术要领表演出来的教学

方法，一般与讲解法共同使用，可以让学生对技术动作产生正确的认识。

（2）完整与分解教学法

完整教学法：完整教学法以完整的技术动作教学为主，可以保证学生在学习动作时的整体性和结构性，使动作流畅自然，有利于快速、系统地掌握某种技术动作。每个田径运动项目教学时都应适当采用完整教学法。使用该方法教学时，要注意循序渐进，由易至难、由少至多、由快至慢，不能操之过急，要让学生逐步提高。

分解教学法：分解教学法有利于学生掌握各动作的细节，使学生印象更加深刻，动作更加到位。使用分解教学法分解复杂动作时，要注意各动作之间的内在联系和特点，各环节的分解和衔接要合理清晰，不能拆分得零散、琐碎。

（3）模块教学法

模块教学法是把田径运动项目中技术相近的项目组合在一起的教学方法。这种教学方法打破了传统一堂课中教导一种技术的教学模式，将技术相近的项目放在一起教学，一方面可以缩短教学时数，有利于教学改革，提高学生自学的能力；另一方面有利于相近技术项目的比较、区分，丰富教学形式和内容，活跃课堂气氛，提高学生的学习兴趣。

（4）发现教学法

发现教学法是教师在进行教学的时候，间接、不断地为学生提供学习线索，使学生可以意识到训练过程中出现哪些问题，并带着问题学习、训练，最终自主解决问题的教学方法。在使用发现教学法时，需要教师事先整理、归纳好技术的重点和难点以及学生可能会遇到的问题，并对之进行分析、排列，供学生参考。

（5）系统教学法

系统教学法把田径运动教学看成一个有机整体，注重教学过程的系统化，常通过教师的讲课和学生的练习来体现。使用系统教学法时，把每个技术项目、每次练习、每次作业都看成整个系统的子系统，既要考虑到子系统之间的相互促进和影响作用，又要考虑到各子系统与母系统之间的相互联系、相互作用，使整个田径教学系统化、规范化。

（五）田径运动教学的考核与评价

1. 田径运动教学考核与评价的内容

（1）体能的评价

鉴于学生在体能、爱好、特长等方面的差异，体能评价应设置不同的标准和评价方法。要让学生自主选择体能测定的项目评价时，按照《学生体质健康测试标准》，根据当时学生的真实情况做出综合评价。

（2）田径运动知识技能的评价

对田径运动的认识、对其基本知识的熟练度、对专项技能的掌握和运用等都属于评价的内容，而具体评价细节应根据具体课程内容而定。

（3）精神品质的评价

该评价内容可分为情意表现以及合作精神。其中，情意表现主要包括：能否自信、乐观地进行田径运动；能否直面困难、挑战自我、战胜困难；能否在田径运动中做到坚持不懈、不屈不挠；能否通过田径运动调节自己的情绪等。

合作精神主要表现为：是否具有理解、尊重他人的意识；是否在田径运动教学过程中表现出良好的人际交往能力；是否在小组学习时主动承担责任，具有集体荣誉感；是否遵守规则、尊敬师长；是否能在校内外的体育活动中主动履行自己的权利和义务；是否具有良好的社会适应能力。

（4）健康行为的评价

为了实践"健康第一"的教育准则，使学生更好地掌握健康知识，提高健康意识，养成健康积极的生活方式，应把健康行为列入田径运动教学考核内容之中。其评价内容应包括：是否遵守健康合理的作息制度；是否有吸烟、酗酒等不良习惯；平时是否注意个人卫生并维护公共卫生；是否具备运动相关的保健知识。

2.田径运动教学考核与评价的基本要求

（1）学生评价与教师评价相结合

教师是整个田径运动教学过程中的主导者，而学生是教学的主体。如果只由教师单方面对学生进行评价，难免会因偏见或对学生观察有偏差等因素影响评价结果的准确性。这在一定程度上会打击学生的信心，挫伤学生的积极性，甚至会让学生产生厌学心理，对田径运动教学产生诸多不利影响。因此，在田径教学中，要自始至终把学生放在主体位置，从课程设置到课堂教学，再到考核评价，都要将学生们的积极主动性充分发挥出来，并且在评价的时候，正确引导学生公平、客观地进行自我或互相评价，使其正确了解到自己的水平，建立信心。因此，田径运动教学考核评价应把学生自评、学生互评、教师评价有机结合起来。

（2）主观评价与客观评价相结合

在评价田径教学考核的时候，采用客观记录成绩的方法就能得出有效又准确的评价结果，如运动成绩、身体素质、体能等。而有些内容难以准确量化，没有固定的标准，则需采用主观评价，如学习态度、情意表现、意志品质等因素。其中，在主观性评价中，评价结果会因评价者的观点、角度等不同而有所差异，评价结果的准确性也会稍有影响。因此，在对主观性因素评价时要主观与客观相结合，将定性的东西合理量化。可以通过学生在课堂中的练习次数、投入程度、进步幅度等表现进行量化，尽量做到客观评价。

（3）绝对评价与相对评价相结合

通过统一的标准进行评价，不考虑学生间区别的方式就是绝对评价。相对评价则是指根据个人实际基础情况以及进步幅度进行评价的方法。就目前而言，大部分学校都使用绝对评价这一方式，以学生期末总测试时取得的成绩为最终成绩。然而，每个学生受性别、个性、兴趣的影响，身体素质存在着较大差别，，这就导致了有些身体条件较差的同学无论付出多大努力也得不到高分。这种评价方法虽然简单、直接，但并不是绝对公平、公正的，不仅不能反映出学生的学习成果和教学效果，而且会影响学生的积极性和信心。

近年来，对体育教学的评价，尤其是对体能和运动技能的评价，经常采取绝对评价与相对评价相结合的方法，并开始重视学生进步幅度和努力程度。

（4）形成性评价与终结性评价相结合

我国学校的田径教学评价普遍采用终结性评价方法。该评价方法一般在阶段性学习结束时进行（如期中、期末测试等），虽然能有效检验学生在一段时间内的学习成果，但很大程度上失去了评价的反馈功能，久而久之会使学生产生厌烦心理，对激励学生学习、提高教学效果并无多大作用。而且，终结性评价往往旨在对学生的成绩进行优、良、中的等级评定，会导致成绩好的同学沾沾自喜，成绩差的同学丧失信心，对提高学生的成绩和积极性反而有不利影响。与此相比，形成性评价着眼于整个学习过程，在各个环节对学生的学习态度、情意表现、技能掌握程度等多种因素做出评定和反馈，使学生能及时了解自己的学习成果和不足之处。目前，该评价方法已得到大范围应用。但是，如果取消终结性评价，学生易出现安于现状、不思进取的心理。因此，应将形成性评价和总结性评价有机结合起来。

3.田径运动教学考核与评价的方法

（1）基本知识的考评方法

在考核田径基础知识的时候，可以使用口试和笔试这两种方法。同时，可以按照课程的性质将其考核划分为两类，即闭卷考试和开卷考试。而开卷可以以调查问卷、专题作业以及教学设计等形式进行。闭卷考试要求严格化、标准化，可采用电脑试题库随机抽题的形式。其中编制的试题库一定要与田径教学的目标、任务及学生应掌握的范围相结合，尤其是重点难点。同时试题的编制一定要规范、科学，并确保该试题可以测试出学生对田径知识的掌握情况。另外，凡是存入试题库的题目都需要接受实践的检验。

（2）运动技术的考评方法

完整技术与分解技术比较法：通过计算学生完整动作下的运动成绩与分解动作下的运动成绩的差值，来衡量技术动作效果。

专家评价法：专家评价法是田径教学考评中最常用的方法，即让各项目经验丰富的教师进行定量评价的方法。该方法虽然方便，但评价的结果会受到专家们的知识水平、专业经验以及主观印象等因素的影响，并不能保证评价结果的绝对准确、可靠。此外，评价结果的质量还受评价专家的人数影响。若评价专家过少，那么每个专家的主观想法对评价结果的影响就会越大；增加评价专家的人数可以提高评价结果的客观性、有效性，但人数过多不便于操作。一般在田径教学技术评价中选取3名专家同时评分，取中间分为最终得分；或者是取3名专家的平均分。这种方法既能保证结果的客观性，又便于操作管理。

运动生物力学技术分析法：该评价方法主要使用各种设备测量运动技术的生物力学特征，然后结合运动解剖学，对测量结果进行分析和评价，其指标包括整个动作以及各阶段的时间、速度，完成动作时用的力、身体姿势、动作幅度等。

（3）学习态度与情意表现的评价

该评价方法主要是根据一定标准，对学生在田径运动学习过程中表现出来的学习态度、思想品质、个性等方面进行评价。目前，各课程的评价越来越重视学生学习态度和情意表现。

（4）教学能力的评价

田径教学能力主要包括：教学设计能力、教学实施能力、教学评价能力。

田径教学设计能力包括：设计教案能力、运用教材能力、了解学生情况能力、确定教学目标能力、制定教学文件能力、理论研究能力。

田径教学实施能力包括：讲解演示能力、现代化教学能力、课堂组织和应变能力、安排教学步骤能力、纠正错误动作能力、思想道德教育能力、竞赛组织与裁判能力、布置场地器材能力。

田径教学评价能力包括：技术动作评价能力、学生表现评价能力、教学效果评价能力。

（六）田径运动教学的注意事项

1.积极转变教学观念

（1）建立全面的教学质量观

田径运动成绩相对客观，传统教学往往把运动成绩作为评价田径水平的标准。这种观念过分强调成绩，极易形成单一的教学质量观。在田径教学中，掌握技术的情况与运动成绩是评价教学质量的重要标准，但不是唯一标准。还应包括理论知识的掌握与运用、思想道德、学习态度等多方面。因此，应树立全面的教学质量观，全面、多角度对教学质量做出评价。

（2）树立双边教学观

在传统教学中，教师是教学活动的中心，忽视了学生的主观能动性，束缚了学生的思想，不利于学生各种能力的培养。在田径教学中，要树立“教师是主导，学生是主体”的双边教学观，让学生在老师的指导、组织下，独立、自主地思考问题、分析问题、解决问题，帮助学生树立团结合作的意识。这样不仅能学到正确的练习方法，培养学生独立自主的能力，更能刺激学生学习的积极性，促进知识技能的掌握。

2.树立适宜的教学观念

在田径教学中，不管采用什么样的教学方法，都会受到两种教学观念的指导：注入式教学和启发式教学。

注入式教学是传统的“老师讲，学生练”式教学。教师占据主导地位，全程参与到学生学习过程中，导致学生被动学习，缺少一定的创新意识和主动性。与此相比，启发式教学旨在调动学生的积极性和主动性，鼓励学生主动学习，激发学生思维和创造力，在学会知识技能的同时，发展智力。

在田径教学中，提倡启发式教学。教师仍占据主导地位，根据自身的经验组织课堂、辅助学生学习，保证教学手段与教学目标的一致性。

3.注重教学能力的培养

田径运动教学是培养田径运动人才的重要途径，要提高教学质量，培养全面发展的田径人才，就必须加强对学生各种能力的培养。如：运动实践能力、自主创新能力、教学能力、自学自练能力、社会适应能力等。

4.其他注意事项

采用多样化的教学手段以及适宜的游戏性、竞赛性活动，使学生掌握多种运动技能。

重视田径运动基本技术动作以及正确的身体姿势的学习，建立良好的基础。

根据学生的身体素质、运动能力等合理安排运动量，防止因运动过度导致疲劳或损伤。运动量应循序渐进。

重视对场地、器材的检查、管理以及维修等工作，课前做好准备活动，避免运动时受伤。

三、高校田径训练的方法

（一）田径运动训练的基本内容

1.身体训练

为了让运动员的整体素质有一定的提升，进行身体训练是必要的。通常身体训练可分为两种，即专项身体训练和一般身体训练。后者是为专项训练奠定了基础，对身体素质和机体的各器官系统的功能有明显的协调作用。一般训练包含了多方面的内容，通常是通过游泳、体操、球类、滑冰等运动来提高身体素质。一般训练的方式必须根据专项训练的特征进行选择。前者是为了发展和提高某一专项所需的身体素质而展开的训练，比如跳跃运动员进行弹跳力训练。在专项身体训练中，运动员往往采用专项分解动作来发展某一专项素质。如跳高运动员用“跳深”练习发展弹跳力。田径运动要将一般身体训练和专项身体训练结合起来，处理好两者之间的关系，这样才能使专项能力不断得到突破性发展，使运动员取得更好的专项成绩。

2.技术训练

技术训练是为了训练运动员某一具有个人特点的运动技术直至充分掌握，为取得更好的运动成绩，为有效地发挥潜能。田径运动的技术不能够与生物学规律和人体运动力学规律相悖，田径运动技术必须通过具体的动作才能得以体现，而只有实现了技术的共性：与个性的有效统一和结合才能称得上是最佳技术。此外，技术会在实践中得到不断发展，是具有相对性的，没有人能达到对一项技术的完美掌握。

3.战术训练

田径运动的项目较多，各个项目也会有其不同的运动战术。如在中长跑项目中，根据跑位来判断是采用变速跑还是匀速跑，跟跑还是领跑；在投掷项目中力争首先投出最好成绩，为获胜创造心理机能的优势等。在田径运动战术训练中，要着重培养运动员的能力分配、判断意识和迅速反应能力。可以说参加各种类型的比赛就是田径运动战术训练的最佳手段。

4.心理训练

心理训练是为了发展运动员自我感情的控制和调节能力，有利于运动员保持良好的心理状态和运动状态，为竞赛做好充分、积极的心理准备，并取得好成绩。心理训练主要有放松训练、集中注意力训练、表象训练、应激控制训练、自我暗示和自我放松训练、模拟训练、生物反馈训练等多种方法。

（二）田径运动训练的基本方法

1.变换训练法

变换训练法是指一种有针对性、有目的性地变换运动员的运动负荷、训练环境、训练条件、单个动作结合的训练方法。变换训练法能够培养机体对环境的适应度，提高运动员对比赛的适应能力，还有利于克服运动员运动训练中的烦闷心理，使运动员保持对运动训练的积极性，此外还对运动员运动技术和战术的提高起着有效的促进作用。变换训练的方法通常有改变负荷变换法、改变练习环境和条件的变换法、改变动作组合变换法。

2.重复训练法

重复训练法，是指在不改变运动负荷量以及动作结构的情况下，进行反复训练和练习使反射得以建立和巩固，最终使运动技术得以定型的训练法。它广泛适用于各种运动项目，有利于发展运动员的身体素质，提高运动技术和战术，同时还能培养运动员坚强勇敢的精神品质。

3.间歇训练法

间歇训练法指的是运动员在完成部分训练任务后，经过一定时间的休息，在机体尚未完全恢复的情况下又投入下一轮练习的一种练习方法。由于机体尚未完全恢复，所以这一训练法有利于提高运动员的呼吸和心血管系统的机能。间歇训练法有严格的间歇时间规定，在田径运动训练中可根据训练的强度来严格规定间歇时间。

4.竞赛训练法

竞赛训练法指的是在比赛的要求和条件下进行练习的一种训练方法。竞赛训练法是运动训练的一个重要训练手段，能够实现对训练效果的有效检验和观察，此外还能培养和提高运动员的运动技术、知识以及战术的实际运用能力，有利于提高运动员的实战水平和素质。常用的竞赛训练法有训练性竞赛、游戏性竞赛、适应性竞赛、身体素质竞赛以及测验性竞赛等。

（三）田径运动训练计划制定

1.田径运动训练计划制定的原则

（1）目的性原则

在田径运动训练前首先要明确训练目标。目标明确，运动员才能保持自觉性和积极性，才能一如既往地朝着目标前进，投身于运动训练中，实现更佳的锻炼效果。

（2）针对性和个体性原则

在运动训练中，实际的训练效果都会产生个体的差异，所以要充分尊重个体差异性，针对不同个体的不同特点来进行训练计划、训练手段、运动负荷等的选择和安排。

（3）连续性和系统性原则

田径运动训练会不断给予运动者机体刺激，会通过反复的刺激提高其适应性并提高运动员的运动水平。所以，教练要根据训练任务和要求来制定全年及多年的训练计划，并处理好各训练内容的比重。

（4）全面性原则

人体中各个机能与身体素质都是相互联系、相互依存的，所以运动员在田径运动训练中要遵循全面性原则，训练计划要系统和全面，要以全面性身体素质发展出发。

2.田径运动训练计划制定的依据

在田径运动训练计划的具体制定中，主要包括主观和客观两个方面的依据。

（1）主观依据

训练目标：训练目标对训练计划的制定有着决定性的影响，所以训练计划的制定要充分考虑到实现目标的需要。

训练者的个人特点与现实状态：训练者的个人特点和现实状态是其竞技状态发生变化的基本出发点，也是经历一定训练后能力可能达到某一水平的重要条件。所以，训练计划的制定必须符合运动员的个人特点和现实状态，这样才能更好地满足运动员的训练需求，提高训练效果。

（2）客观依据

生物和自然界的节奏变化规律：田径运动训练会受到多方面因素的影响，不仅受人体生物节奏的影响，也受到自然节奏的影响。如果能够实现对这些规律的掌握和熟识，并将这些规律融入和运用到田径运动训练中，就会有效地提高运动训练效果。

田径运动训练的客观规律：人体竞技能力的提高具有周期性，会经历由形成到保持，由保持再到消亡的发展过程。因此，要根据这一特性规律来合理安排运动训练。

田径运动训练的条件因素：训练条件的差异会导致训练效果的差异。根据平时训练时的训练场地、仪器、设备等，以及比赛时的场地、器材、裁判、规则等来制定训练计划，进行有针对性的赛前模拟和适应性训练。

3.田径运动训练计划制定的内容

田径运动训练计划的适用范围：除专业运动员，田径运动训练的适用范围主要包括教练员和大学生等；

确定训练目标：根据时间的跨度大小可将训练目标分为多年展望目标、全面最高目标、阶段性目标以及各个阶段的考核、测验和训练水平评定的具体目标等；

划分和制定出训练阶段以及各训练阶段的主要任务：划分和制定出田径运动训练的各个训练阶段以及各阶段的训练任务，依据阶段任务进行运动训练；

安排比赛序列（不包括周、课训练计划）：合理安排田径运动的比赛顺序，保证训练的有序进行；

确立训练负荷的动态变化趋势：确立训练负荷的动态变化趋势，为运动员做好训练负荷的指导工作；

确定训练手段的负荷要求与负荷量度：主要包括负荷强度、负荷量、总负荷节奏和外部负荷的具体功率指标等。